Walter Bühlmann

Mein Gott, warum schweigst Du?

An Gott festhalten in Krankheit und Leid

BRUNNEN
VERLAG GIESSEN · BASEL

REIHE „GEISTLICH LEBEN“
Herausgegeben von Jörg Ohlemacher
in Zusammenarbeit mit Reinhard Deichgräber,
Siegfried Großmann, Ingrid Reimer und Karl Renner
im Auftrag der Stiftung Geistliches Leben

2. Auflage 2007

www.brunnen-verlag.de
Umschlagfoto: Urs Lüthi
Umschlaggestaltung: Ralf Simon
Satz: Die Feder GmbH, Wetzlar
Herstellung: St.-Johannis-Druckerei, Lahr
ISBN 978-3-7655-5454-4

Inhalt

Vorwort

Wir leben in einer Kultur, in der alles planbar erscheint: Karriere, Familie, Leben. Wie hieß das Sprichwort noch? „Jeder ist seines eigenen Glückes Schmied.“ Aber das Leben lehrt uns etwas anderes. Es verläuft häufig nicht nach Wunsch, und es ist ungerecht.

Manchmal greift das Schicksal unbarmherzig, ja brutal ins Leben ein. Wir möchten verstehen und fragen, warum es gerade diese oder jene trifft, andere aber nicht. Hier berichten Menschen darüber, wie sie mit ihrem schweren Los umgehen. Offene Fragen nach Fügung, Vorsehung, Zufall, Berufung und göttlichem Lebensplan kommen zur Sprache. Biblische Texte geben Orientierung. Bei meinem Nach-Denken ist viel von meinen persönlichen Erfahrungen als Krebskranker eingeflossen. Dabei ist mir von neuem bewusst geworden, dass Leiden kein theoretisches Problem ist, das es zu verstehen gilt oder das erklärt werden könnte. Leiden ist eine Situation, die allein durch menschliche, christliche und glaubende Praxis zu bestehen ist. Die biblischen Impulse möchten dabei helfen, Krankheit und Leiden durchzustehen und positiv anzugehen.

Auch wenn die Texte letztlich keine Antwort auf die Frage nach dem Sinn des Leidens geben, sind sie doch Zeugnis von Menschen, die an ihrem Leiden gelitten haben und dennoch nicht zerbrochen sind. Sie haben auch in der Nacht ihres Leidens Gott angerufen und darin Lebenskraft und Hoffnung in ihrer Situation gefunden.

Möge diese Schrift vielen Mut und Kraft geben, auch in schwierigen Zeiten an Gott festzuhalten.

Luzern, Februar 2006
Walter Bühlmann

I. Verschiedene Leiderfahrungen

1. *Schöpfung ohne Sinn?*

Nach dem friedlichen ersten Weihnachtstag 2004 wurde die ganze Welt durch eine Schreckensnachricht am 26. Dezember 2004 erschüttert. Ein Seebeben der Stärke 9 auf der Richter-Skala verursachte mehrere Tsunami-Wellen, die in zahlreichen Ländern am östlichen Indischen Ozean Tod und Verwüstung brachten. In einem Bogen von den Malediven über Sri Lanka, Indien, Thailand und Indonesien kam es zu schwersten Zerstörungen. Die verheerenden Flutwellen forderten über zweihunderttausend Todesopfer. Hunderttausende wurden verletzt, Millionen Menschen verloren – von einer Minute auf die andere – alles.

Dieses schreckliche Ereignis ist keineswegs einmalig. Nicht nur in jüngster Zeit gab es solche Katastrophen. Vom Mittelalter bis heute sind uns mindestens elf solcher Seebeben bekannt. Im Jahre 1410 gab es bei einer Flutkatastrophe in Griechenland einhunderttausend Tote, 1755 starben in Lissabon sechzigtausend Menschen. Aber ich denke auch an Millionen von Obdachlosen und Kranken, nicht zu vergessen die vielen in die Millionen gehenden Menschen, die von Aids gezeichnet sind.

Ein Stück Leiden – so herzlos es klingen mag – gehört einfach zum Menschsein dazu. Der Mensch ist nun einmal Geschöpf. Dieses Geschöpfsein ist kein Übel, schließt aber ein, dass der Mensch nur durch Geburtswehen hindurch Mensch wird und Mensch bleibt. Zu diesen lebenslangen Geburtswehen gehören Enttäuschungen, Verzicht, Opfer, Frustrationen, schmerzende Abschiede und Angst machende Neuanfänge. Wer diese Schmerzen, die zur menschlichen Natur gehören, verdrängt oder verleugnet, bleibt lebenslang in seinem Narzissmus gefangen. Der Skandal des Leidens liegt vielmehr im Übermaß an Leiden, angesichts eines allgütigen und allmächtigen Gottes, an den Christen glauben. Warum ist so vielen Menschen ein wenig Würde, Brot und Hoffnung versagt?

Diese Leiderfahrung hat in der Moderne eine Verschärfung erfahren: einerseits durch den Namen Auschwitz (ein Ort des äußersten Grauens bezüglich des Bösen und des Leidens) und andererseits durch das in der Neuzeit geformte Denken hinsichtlich der Schrecken und Leiden der Evolution. In der Natur herrscht das Gesetz „Fressen und Gefressen-Werden" – ein Gesetz, das weit über das hinausgeht, was man als ökologisches Gleichgewicht bezeichnen könnte. Der bedeutende Schriftsteller Reinhold Schneider schreibt nach einem Besuch des naturwissenschaftlichen Museums in Wien: „Und des Vaters Antlitz hat sich ganz verdunkelt: es ist die schreckliche Maske des Zerschmeissenden, des Keltertreters" (*Winter in Wien*, 1957). Auch für die französische Schriftstellerin Marie Noël waren diese Leiderfahrungen ein Grund, an Gott zu zweifeln (*Erfahrungen mit Gott.* Eine Auswahl aus den *Notes intimes,* 1973). Ebenso schien der deutsche Exeget Fridolin Stier an der menschlichen Leiderfahrung fast zu zerbrechen (*Vielleicht ist irgendwo Tag.* Aufzeichnungen, 1981).

Wer ist nicht versucht, dem fürchterlichen Satz von Schopenhauer zuzustimmen: „Wenn Gott diese Welt geschaffen hat, möchte ich nicht dieser Gott sein, denn das Elend der Welt würde mir das Herz zerreißen"? Dieser schaurige Satz Schopenhauers trifft jeden Gläubigen tief: Hat denn Gott kein Herz?

Dazu kommt das brutale Verhalten vieler Menschen. Man denke nur an die grässlichen Terroranschläge in der weiten Welt. So geschah am 11. September 2001 eine Kains-Tat, die unvergessen bleiben wird: Der gespenstische Anflug von Passagiermaschinen auf das World Trade Center, das grauenvolle Bersten der Twin Tower vor laufender Kamera und der entsetzte Aufschrei von Abermillionen Zeugen. Ein weltumspannendes Fanal apokalyptischer Kraft! Kündigt es eine noch perfidere Art kriegerischer Konfrontation an, die den Superlativ für *töten* und *meucheln* sucht? Wird wohl das zutreffen, was Christian Morgenstern schon vor 100 Jahren schrieb: „Was ist der Mensch? Die Tragödie Gottes?"

Warum gibt es so viel Böses in der Welt? Was hat sich Gott dabei gedacht? Welcher Plan steckt dahinter? Rechnen wir das namenlose Leid durch Krankheiten, Unglücke und Naturkatastrophen hinzu, weitet sich das Problem zu kosmischen Ausmaßen. Warum ist die

Schöpfung so und nicht anders? Weshalb ist sie so leidanfällig und tränenbenetzt? Hätte Gott die Welt nicht „besser" erschaffen können? Menschengeschichte bleibt immer eine Leidensgeschichte.

2. *Warum gerade David?*

David Vogel hatte mit neunzehn Jahren seine kaufmännische Ausbildung abgeschlossen, um sich auf das Fachabitur vorzubereiten. Er sah bereits klare Zukunftsperspektiven. Seit zwei Monaten war er in Martina verliebt und pflegte eine schöne und harmonische Beziehung. Eines Tages entdeckte er, dass sein Bein geschwollen war. Nach verschiedenen ärztlichen Untersuchungen wurde die seltene Krebskrankheit *Ewing Sarkom* diagnostiziert. „Für mich brach eine Welt zusammen. Wer macht sich schon Gedanken über Krebs, wenn er so jung ist", erinnert sich David. Man gab ihm eine Überlebenschance von vierzig Prozent. „Ich dachte, jetzt bin ich mehr tot als lebendig, und weinte fast vierundzwanzig Stunden lang."

Über dreißig Wochen harrte David in der Klinik aus. „Es kam mir immer mehr wie ein Gefängnis vor." Sieben Chemotherapien und sieben Operationen brachte er hinter sich. Seine Familie, Kollegen und seine Freundin Martina, die sich zur Krankenschwester ausbilden ließ, waren immer an seiner Seite. „Ohne mein großartiges Umfeld hätte ich es nicht geschafft." Trotz dieses schweren Schicksalsschlages blieb er ein Kämpfer, der verschiedene alternative Heilmethoden ausprobierte. Er flog sogar auf die Philippinen, um sich von einem Heiler die Hände auflegen zu lassen. Von der Feng-Shui-Beratung bis zum Mentaltraining hatte er alles versucht. „Teilweise ging es nur ums Geld“, stellte David später fest. Schließlich war er nicht mehr bereit, von jeder neuen Behandlungsmethode Wunder zu erwarten. „Wenn ich einen guten Tag habe, dann will ich diesen lieber genießen. Schlechte Tage gibt es leider auch viele, wenn beispielsweise die Schmerzen auch mit starken Medikamenten nicht mehr unterdrückt werden können oder das Atmen schwer fällt“, stellte er nüchtern fest.

Bereits nach anderthalb Jahren wurden die schlimmsten Befürchtungen bestätigt. Der Krebs hatte massiv zurückgeschlagen. Alle Hoffnungen, alle Wünsche und Träume wurden schlagartig zunichte. „Das darf doch nicht wahr sein! Waren all unsere Bemühungen umsonst? Hat die Schulmedizin versagt? Haben wir etwas falsch gemacht?“, fragte Martina. Diese Diagnose zu akzeptieren war viel schlimmer, als die erste Nachricht „Krebs“. Jetzt war die Hoffnung auf Heilung gleich null. Nun hieß es für die Familie und für Martina Abschied nehmen und loslassen. Dieses im Keim erstickende Gefühl war das Schwerste während der Krankheit Davids. Martina schrieb in dieser Zeit: „Wie konnte ich noch die eigene Zukunft planen, wenn ich das Liebste, was ich hatte, hergeben musste? Oft wollte ich Davids Last übernehmen. Doch je mehr ich diesen Wunsch im Innern hegte, desto mehr erkannte ich, wie nutzlos dies war.“

Diese letzte Zeit raffte sich David auf. Er gestaltete eine Homepage, auf der seine Krankheitsgeschichte zu finden war. Die Adresse „www.vogeldave.ch" wurde seitdem als Geheimtipp weitergereicht. Wenn er sich auch anfänglich nicht sicher war, ob er mit seiner Krankheit so offensiv umgehen sollte, war er später überzeugt: „Diese Entscheidung war richtig. Die Leute sollen sehen: Krebs kann jeden treffen." Auf diese Weise wollte David andere ermutigen. „Es schreiben mir viele Menschen, die selber krank sind oder Krebspatienten kennen. Sie stellen mir Fragen und muntern mich auf", wusste er positiv zu berichten. Davids Kampf ging allmählich zu Ende und er stellte seinen Abschiedsbrief ins Netz. Er machte sich Gedanken über den Ablauf seiner Beerdigung. An den Abschied von seinen Lieben zu denken, das falle ihm besonders schwer: „Ich verliere so viele Personen, die ich gut kenne. Es ist, als ob mich tausend Glassplitter gleichzeitig ins Herz treffen. Ein Glassplitter pro Person." Einige Tage später heißt es: „Ich habe Angst vor dem Sterben. Extreme Angst. Bitte gebt mir alle ein bisschen Kraft, indem ihr an mich denkt." Am 6. Juli 2001 ist David gestorben. Seine Freundin Martina teilte auf der Homepage mit: „Er hat den Kampf auf seine Weise gewonnen. All seine Wünsche sind in Erfüllung gegangen. Er konnte im engsten Kreise der Familie zu Hause friedlich und ohne Schmerzen einschlafen."

Nach dem Tod Davids begann für die Angehörigen und für Martina eine weitere schwere Zeit. Es blieb ein großer Schmerz zurück. Nur der Gedanke, dass David auch nach dem Tod der Familie nahe ist, konnte sie trösten. Und tatsächlich hatte David vieles zurückgelassen: einen unglaublich starken Zusammenhalt in der Familie, viele schöne Erinnerungen, die in ihnen weiterlebten. Nie werden sie sein Lachen vergessen. Auch die Homepage, die bis heute (21. Februar 2006) 185.478 Besucher aufweist, konnte und kann vielen Menschen Mut und Hoffnung geben. So ist David für viele, besonders für seine Angehörigen, zum Vorbild geworden.

Dennoch: Einen Sinn des Ganzen konnte Martina auch nach einem halben Jahr nicht erkennen: „Die Frage: Warum gerade er? Warum gerade ich? konnte ich nicht beantworten. Ist es ein Schicksal, eine Aufgabe oder eine Bestimmung? Ich weiß es nicht. Aber ich bin mir sicher, dass ich irgendwann einmal eine Antwort auf diese Frage bekomme. Und ganz tief in mir spüre ich, dass dies meine Bestimmung gewesen ist: David auf seinem letzten Weg zu begleiten."

3. Von der Krankheit selbst betroffen

Im Januar 1998 feierte ich meinen 60. Geburtstag. Im Mittelpunkt des Gottesdienstes stand Psalm 139,1-6. 13-18.23-24:

Herr, du hast mich erforscht und du kennst mich.Ob ich sitze oder stehe, du weißt von mir. Von fern erkennst du meine Gedanken. Ob ich gehe oder ruhe, es ist dir bekannt; du bist vertraut mit all meinen Wegen. Noch liegt mir das Wort nicht auf der Zunge – du, Herr, kennst es bereits. Du umschließt mich von allen Seiten und legst deine Hand auf mich. Zu wunderbar ist für mich dieses Wissen, zu hoch, ich kann es nicht begreifen. – Denn du hast mein Inneres geschaffen, mich gewoben im Schoß meiner Mutter. Ich danke dir, dass du mich so wunderbar gestaltet hast. Ich weiß: Staunenswert sind deine Werke. Als ich geformt wurde im Dunkeln, kunstvoll gewirkt in den Tiefen der Erde, waren meine Glieder dir nicht verborgen. Deine Augen sahen, wie ich entstand, in deinem Buch war schon alles verzeichnet; meine Tage waren schon gebildet, als noch keiner von ihnen da war. Wie schwierig sind für mich, o Gott, deine Gedanken, wie gewaltig ist ihre Zahl! Wollte ich sie zählen, es wären mehr als der Sand. Käme ich bis zum Ende, wäre ich noch immer bei dir. – Erforsche mich, Gott, und erkenne mein Herz, prüfe mich, und erkenne mein Denken! Sieh her, ob ich auf dem Weg bin, der dich kränkt, und leite mich auf dem altbewährten Weg!

Gott hatte mir bisher eine erstaunliche Gesundheit geschenkt, ich fühlte mich körperlich in Form. Noch immer unternahm ich mit Kollegen größere Skitouren. Jahr für Jahr war für mich die Besteigung des Sustenhorns (3506 m.ü.M.) und des Piz Lucendro (2950 m.ü.M.) im Frühsommer ein einmaliges Erlebnis. Diese körperliche und seelische Gesundheit wurde mir bereits in die Wiege gelegt, denn ich wuchs in einer guten, positiv eingestellten Familie auf. Meine Eltern schenkten mir viel Wärme und Geborgenheit. Ihnen verdanke ich vieles, gute Eigenschaften, aber auch gewisse Schwächen und Fehler. Vom Vater erbte ich die Frohnatur, die Neigung zum Draufgängerischen, zur Kühnheit und zum Lebensmut. Er begeisterte uns Kinder für den Sport, besonders für das Radfahren und für Bergtouren. Meine Mutter war eine mitfühlende Frau, manchmal etwas empfindlich, oft sehr energisch, nie aber verletzend.

Meine Eltern haben mich lebenstüchtig gemacht, mir Ausdauer und Kraft gegeben, selbst in schwierigen Situationen durchzuhalten. Sie haben mir Fähigkeiten geschenkt, die mir als Seelsorger zugute kommen. Besonders aber habe ich auch eine natürliche Religiosität erhalten, ein Geschenk, für das ich Sorge tragen muss.

Das eigentliche Fest zu meinem 60. Geburtstag hatte ich auf Mitte August angesetzt; meine Verwandten, Bekannten und viele Freunde waren eingeladen. Leider konnte diese Feier nicht stattfinden, da meine Schwägerin an einem Hirntumor erkrankte und ausgerechnet an diesem Tag operiert wurde. Dieser harte Schicksalsschlag, den die Familie meines Bruders traf, hatte auch mich tief erschüttert; ich fand einfach nicht mehr die Kraft, das Fest nachzuholen.

Ein Jahr später übergab ich mein Amt als Direktor des Priesterseminars St. Beat in Luzern, das ich während zehn Jahren innehatte, einem jüngeren Priester. Ich fühlte mich damals kerngesund. An der Theologischen Fakultät Luzern übernahm ich weitere Aufgaben und wurde als Lehr- und Forschungsbeauftragter für Bibelwissenschaft und Verkündigung angestellt. Ich plante einen längeren Studienaufenthalt an der *Ecole Biblique et Archéologique* in Jerusalem. Mitte September 1999 flog ich nach Israel. Kaum war ich dort eingetroffen, machte sich eine schleichende Krankheit bemerkbar. Nach vielen Untersuchungen im arabischen Spital St. Joseph, in dem ich acht Tage bleiben musste, lautete die Diagnose bestimmt und eindeutig: Lymphknotenkrebs. Nach Luzern zurückgekehrt, musste ich mich einer langwierigen Chemotherapie unterziehen. Von Oktober 1999 bis Ostern 2000 konnte ich ambulant behandelt werden. Als aber der hartnäckige, aggressive Krebs nicht weichen wollte, wurde eine zweite Behandlung nötig. In dieser ungewissen Zeit erlebte ich manche Stunden der Angst und Mutlosigkeit. Während mancher schlaflosen Nächte konnte ich nicht begreifen, warum mich ein so hartes Los getroffen hatte: zunächst die schlimme Krankheit meiner Schwägerin, dann mein eigenes Schicksal und schließlich die Nachricht von der Krebserkrankung meines Cousins. Das alles war für mich zuviel und ich begann zu zweifeln. Immer wieder stellte ich die Frage, wieso gerade wir drei mit solchen harten Schicksalsschlägen konfrontiert wurden. Warum nur?

II. Die Bibel und das Leid

1. Hiob – ein Mensch ringt mit Gott

Im Sommersemester 1987 hielt ich im Rahmen einer öffentlichen Vortragsreihe zum Thema „Wie böse ist das Böse?“ an der Theologischen Hochschule in Chur eine Vorlesung mit dem Titel: „Warum gerade ich? Deutungen des Bösen und des Leids im Buch Hiob.“ Schon damals hat mich die Frage nach dem Sinn des Leidens interessiert, ich musste aber feststellen, dass es auf diese Frage letztlich keine Antwort gibt. Auch in der Bibel finden wir keine völlig befriedigenden Antworten, die man wie Patentlösungen zu einer gestellten Aufgabe übernehmen könnte.

Das Buch Hiob ließ mich damals aus erster Hand etwas über einen leidenden Menschen erfahren. Die „rebellischen“ Reden Hiobs sind Ausdruck des Leidens, das ihn mit ungeheurer Wucht trifft. Die Worte, Sätze und Gedankengänge Hiobs sind nicht die Sprache des Katechismus oder der Dogmatik, sondern die höchste Form von Klage und Anklage. Für den Dichter dieses biblischen Buches gibt es nicht das erdachte Leid; es gibt für ihn nur wirkliches, erlittenes Leid, das in der Reaktion des Menschen auf dieses Leid in seiner Wirklichkeit in Worte gefasst wird: ein Schrei oder ein Sich-Aussprechen des Leids. Das ist die Klage. Was einer über das Leid *denkt* (ohne selbst betroffen zu sein), ist demgegenüber unwichtig. Was sich einer über das Problem des Leidens ergrübelt, ändert faktisch nichts. Wenn man genau hinsieht, entstehen meistens *Gedanken über das Leid* nicht in der Arena des Leides, wo gelitten und geklagt wird, sondern auf den Zuschauer-Tribünen; dort reflektiert man leicht über das Leid. In der Arena des Leids ist das Leben kein Problem, sondern Wirklichkeit. Um die Wirklichkeit dieses Leides geht es im Hiobbuch. Sein Ort ist die Arena der tatsächlich Leidenden, nicht die Tribüne der nur Reflektierenden. Damals hatte ich nicht geahnt, dass ich persönlich auch einmal dieser existenziellen Bewährung ausgesetzt sein würde.

a) Hiob – ein von Krankheit geschlagener Mensch

In der Zeit meiner Krankheit begann ich, viel über mein Leiden nachzudenken, stieß dabei aber immer wieder an Grenzen. Mir wurde allmählich bewusst, dass ich auf Menschen hören musste, die ihr Leiden angenommen oder anderen geholfen haben, ihr Leiden anzunehmen. Deshalb griff ich zur Bibel. In ihr begegnet uns das Zeugnis von Menschen, die an ihrem Leiden gelitten haben und dennoch nicht daran zerbrochen sind. Wenn ich es wagte, im Angesicht leidender Menschen ohne Heuchelei von Sinn und von Gott zu reden, dann nur, weil es eben Ungezählte gegeben hat, die Gott auch in der Nacht ihres Leidens angerufen und darin Lebenskraft und Hoffnung im Sterben gefunden haben.

Zum Ausgangspunkt meiner Überlegungen nahm

ich das Buch Hiob, jenes alttestamentliche Buch, in dem sich die Leidensgeschichte eines ganzen Volkes niedergeschlagen hat. Es konnte mir helfen, die eigentlichen Anfragen, die das Leid an mich stellt, zu erfassen und vor allem die glaubende Praxis zu finden, in der Leiden angenommen werden kann.

b) Das Ringen um die Frage nach dem Sinn des Leidens

Hiob sitzt, nachdem er Familie, Hab und Gut verloren hat, elend auf einem Aschenhaufen, kratzt sich mit einer Scherbe den Aussatz ab, weint, klagt, schreit laut heraus, beteuert seine Unschuld und stellt Gott klagend und anklagend die Warum-Frage. Warum muss ich so leiden? Wäre ich doch besser gar nicht erst geboren!

Das Hiob-Buch hat eine längere Entstehungsgeschichte, in der sich das Ringen um die Frage nach dem Sinn des Leidens widerspiegelt. Es sind mehrere Antworten, die auf die Frage nach dem Leid versucht und zum Teil verworfen werden. Zu beachten ist, dass weder die Position der Freunde noch Hiobs hartnäckige Reden die Botschaft des Buches ausmachen. Auch die Gottesrede allein ist nicht die volle Botschaft. Diese liegt vielmehr im dramatischen, vielfältigen Ringen unterschiedlicher Menschen. Dass dabei so verschiedene Antworten versucht werden, mag zugleich als literarisches Kunstmittel zum Ausdruck bringen, dass es eine schlechthin unüberbietbare menschliche Antwort auf die Frage des Leids nie geben wird.

c) Der Protest Hiobs gegen falsche Erklärungen des Leidens

Das Hiob-Buch protestiert gegen damals und heute übliche Versuche, dem Menschen sein Leid erklärbar zu machen. Den ersten Versuch unternehmen die drei Theologenfreunde. Sie kommen zu ihm, um ihn zu trösten. Zunächst hören sie seine Klagen geduldig an: „Und sie setzten sich zu ihm auf die Erde sieben Tage und sieben Nächte lang, ohne dass einer ein Wort zu ihm redete; denn sie sahen, dass der Schmerz sehr groß war" (2,13). Dieses stumme, geduldige „Dabeisein" ist menschlich so wohltuend und ergreifend. Es ist oft auch das Einzige, was wir angesichts eines schwer Leidenden tun können. Allmählich aber finden sie, Hiob gehe mit seinen Klagen und Anklagen entschieden zu weit, und sie beginnen auf ihn einzureden. Sie vertreten das herkömmliche, weisheitliche Denken: Tugend wird (in diesem Leben) belohnt, Sünde wird (in diesem Leben) bestraft. Dieses Prinzip spricht Elifas gleich in der ersten Rede mit aller Deutlichkeit aus: „Bedenk doch! Wer geht ohne Schuld zugrunde? Wo werden Redliche im Stich gelassen? Wohin ich schaue: Wer Unrecht pflügt, wer Unheil sät, der erntet es auch!" (4,7f).

Dem zweiten Versuch liegt die Vorstellung von einer Leidenspädagogik Gottes zugrunde. Sie wird schon von den Freunden Hiobs vertreten, tritt aber besonders stark in der Elihu-Rede (Kapitel 32–37) hervor. Sie argumentiert: Zur Frömmigkeit gehört das willige Annehmen von „Jahwes Züchtigung".

Die Lehre besagt: Begeht der Mensch einen Fehler,

bringt Jahwe über diesen Unglück, um ihn zur Selbsterkenntnis zu bringen. Ist der von Jahwe durch Unglück Geschlagene einsichtig, wird ihm wieder Wohlergehen und Glück geschenkt. Diese Lehre wird in der Spruchweisheit durch die Schulsprache ausgedrückt: Die Strafe Gottes ist wie die eines Lehrers, der mit der Rute nicht zurückhält. Eine solche „Erziehungsmethode“ stößt uns aber eher ab, ebenso wie der Satz: „Wen Gott liebt, den züchtigt er“ (Hebräer 12,6; Offenbarung 3,19). Was ist das für ein Gott, der seine geliebten Kinder mit der Rute straft? Hat Gott etwa Freude daran, Menschen Leid zuzufügen? In einem solchen Falle müsste er ein Sadist genannt werden.

Gegen derlei Erziehungsversuche protestiert das Hiob-Buch. Mit beißender Ironie bestätigt Hiob den Freunden, sie seien die eigentlichen Träger der Weisheit und mit ihnen sterbe die Weisheit aus (12,2). Er geht mit ihnen hart ins Gericht und nennt sie „Lügentüncher“, die mit leeren Worten den wahren Sachverhalt verdecken. Sie sind „Quacksalber“, die den Kranken nicht heilen (13,4). Schlimmer aber ist, dass eine solche Theologie den leidenden Menschen ruiniert. Hiob ist seelisch und körperlich erschöpft. „Wie lange noch wollt ihr mich quälen und mich mit Worten niedertreten? Zum zehnten Mal schon schmäht ihr mich und schämt euch nicht, mich zu beleidigen“ (19,2f).

Das Urteil Gottes über die Freunde lautet: „Mein Zorn ist entbrannt gegen dich, Elifas, und deine beiden Gefährten; denn ihr habt nicht recht von mir geredet wie mein Knecht Hiob" (42,7). Gott nimmt Hiob in Schutz und verwirft die These seiner Freunde, die Hiobs Leiden als Strafe Gottes deuten wollten.

d) Die Solidarität des mitleidenden Gottes

In den so genannten Gottesreden (Kapitel 38–41) wendet sich Gott an Hiob. Es fällt auf, dass der Gottesname wechselt. Während vorher immer die Rede war von Gott, dem „Allmächtigen", wird jetzt der Name Jahwe genannt. Dieser Gottesname stellt Hiob an den Anfang der Geschichte Gottes mit Israel. Nicht irgendein Gott begegnet Hiob, sondern es ist jener Gott, der Israel aus der leidvollen Situation der Sklaverei in Ägypten herausgeführt hat: „Ich bin, der bei euch da ist" (Exodus 3,14). Dem klagenden Hiob antwortet ein Gott, der das Leben der Menschen will. Im Gegensatz zu den Freunden versucht das Hiob-Buch in der Antwort Gottes einen andern Ansatz. Gott zeigt sich dem leidenden Hiob als mitleidender Gott. Er solidarisiert sich mit dem kranken Menschen. Gott ist damit für Hiob nicht mehr der Außenstehende, sondern der am Leid dieser Welt Teilnehmende, eben der mitleidende Gott geworden. Hiob erfährt, dass Gott nicht die Welt von außen betrachtet, nicht der ferne, unerreichte, unfassbare und unbegreifliche Gott ist, sondern dass Jahwe der Gott ist, der das Leiden der Welt mitträgt.

So ist die Antwort Hiobs von erstaunlicher Prägnanz und Einfachheit. In der Reaktion bedingungslosen Vertrauens formuliert er: „Sieh, ich erliege" (40,4). Er gibt seinen Rechtsstandpunkt auf. Er kann den über alles erhabenen Gott nicht anklagen, auch wenn dessen Tun dem Menschen undurchschaubar bleibt (42,2.3b). Die reflektierende Frage: „Was antworte ich dir?" (40,4) zeigt plötzlich eine fundamentale Rat- und Hilflosigkeit. Hiob gibt auf. Vor dem allweisen und allmächtigen Gott wird er sich seiner Kleinheit und Nichtigkeit bewusst – wie einst Jakob, Mose, Jesaja und Jeremia, als sie dem lebendigen Gott begegneten. Er vermag Gott nicht zu widersprechen. Aber nicht der zornige und aufbegehrende Hiob des Dialogs „legt die Hand auf den Mund", sondern der demütige Hiob, der um die Grenzen seines Menschseins weiß. Diese Grenzerfahrung eröffnet ihm einen neuen Weg zu Gott und mit Gott.

Das verkrustete Gottesbild ist zerbrochen. Die Annahme seines ganzen Lebens – auch seines Leidens – aus der Hand Jahwes jenseits der Kategorien von Lohn und Strafe, von Recht und Gerechtigkeit öffnet ihm die Augen für Gott: Er erfährt Jahwe als den, der auch im Leid nahe sein will, der im Leid mitleiden will.

Das Buch Hiob macht mir Hoffnung. Es zeigt mir, dass Gott nicht weit weg vom Schauplatz des Leidens ist, auch meines Leidens. Gott weilt nicht als Zuschauer bei mir, sondern als Betroffener, Leidender. Dieser Gedanke ist tröstlich. Auch wenn die Antwort nach dem „Warum" letztlich unbeantwortet bleibt, darf ich trotzdem Gott vertrauen, denn seine Möglichkeiten sind weit größer als die meinen. Das letzte Wort ist noch nicht gesprochen. Ich darf wissen: Gott ist für mich nicht ein strafender Richter, auch wenn ich leide; Gott ist nicht mein Feind, selbst wenn es mir schlecht geht.

2. Jesus im Garten Gethsemane

„Warum hat Gott mein Gebet nicht erhört?", so fragen sich immer wieder Menschen. Sie bitten und betteln Gott an, sie liegen vor ihm auf den Knien – doch vergeblich. Ich denke an Hans, der Gott sein Leid klagt, ihn geradewegs anklagt:

Wie oft habe ich in meiner Not zu dir gerufen, habe mir die Seele aus dem Leib geschrien! Wie viele Male habe ich dich angefleht: Mein Gott, wenn du mich wirklich liebst, dann befreie mich von meinem Krebsleiden. Warum hilft anderen die Chemotherapie? Warum hat bei mir die Bestrahlung keinen Erfolg? Warum können die Ärzte mir nicht helfen? Sie verpflanzen Herzen, setzen Nieren ein und machen alles Mögliche. Der Mensch fliegt auf den Mond und schafft neues Leben aus der Retorte. Aber mir sagt man: Bei Ihnen kann man nichts mehr machen. Warum? Kein einziges Mal bist du mir in meiner Not zu Hilfe gekommen. Wenigstens einmal hättest du eingreifen und mich heilen können. Wieso muss ich mit meinem Leiden fertig werden? Das weißt du ganz genau, du, der Allwissende. Du hast ja alles schon im Voraus gewusst. Längst vor meiner Geburt hast du schon gewusst, dass ich nur auf die Welt komme, um zu leiden. Du hast genau gewusst, was mich erwartet. Trotzdem hast du nichts unternommen. Als ob ich noch nicht genug gelitten hätte, soll ich jetzt auch noch an Krebs sterben?

Enttäuscht fragen viele Menschen: Wozu denn noch beten, wenn es uns nichts nützt? Was bringt es überhaupt zu beten? Wer so fragt, geht davon aus, dass Gott uns etwas schuldig ist, dass er uns die Erhörung für geleistete Werke schuldet. Gott ist uns aber gar nichts schuldig. Wir können Gott nicht vorschreiben, was er zu tun hat.

Gott lässt sich auch durch unsere Gebete nicht unter Druck setzen. Gott bewahrt uns nicht vor einem bösen Ausgang oder gar vor dem Untergang. Nirgendwo behauptet die Bibel, Gott sorge stets dafür, dass es für uns immer ein Happy End gebe. Auch bei Jesus selbst gab es kein gutes, sondern ein schreckliches Ende.

a) Angst und Furcht bei Jesus

Lesen wir doch die Erzählung von der Not Jesu im Garten Gethsemane (Markus 14,32–42):

Sie kamen zu einem Grundstück, das Gethsemane heißt, und er sagte zu seinen Jüngern: Setzt euch und wartet hier, während ich bete. Und er nahm Petrus, Jakobus und Johannes mit sich. Da ergriff ihn Furcht und Angst, und er sagte zu ihnen: Meine Seele ist zu Tode betrübt. Bleibt hier und wacht! – Und er ging ein Stück weiter, warf sich auf die Erde nieder und betete, dass die Stunde, wenn möglich, an ihm vorübergehe. Er sprach: Abba, Vater, alles ist dir möglich.

Nimm diesen Kelch von mir! Aber nicht, was ich will, sondern was du willst (soll geschehen). – Und er ging zurück und fand sie schlafend. Da sagte er zu Petrus: Simon, du schläfst? Konntest du nicht einmal eine Stunde wach bleiben? Wacht und betet, damit ihr nicht in Versuchung geratet. Der Geist ist willig, aber das Fleisch ist schwach. – Und er ging wieder weg und betete mit den gleichen Worten. Als er zurückkam, fand er sie wieder schlafend, denn die Augen waren ihnen zugefallen; und sie wussten nicht, was sie ihm antworten sollten. – Und er kam zum drittenmal und sagte zu ihnen: Schlaft ihr immer noch und ruht euch aus? Es ist genug. Die Stunde ist gekommen; jetzt wird der Menschensohn den Sündern ausgeliefert. Steht auf, wir wollen gehen! Seht, der Verräter, der mich ausliefert, ist da.

Hier werden von Jesus Dinge erzählt, die ganz anders sind, als wir es erwarten und die nur schlecht in unsere Vorstellungen passen. Es heißt von Jesus, dass ihn angesichts des Leidens und Sterbens Furcht und Zittern befallen habe. Jesus hat Angst. Weil er sich fürchtet, allein zu sein, nimmt er die Jünger mit sich. Er geht ein paar Schritte weiter, wirft sich auf die Erde und fleht Gott an, sein Leiden von ihm zu nehmen. Und er betet wiederholt darum!

Es wird uns vielleicht überraschen, dass Jesus sich im Garten Gethsemane nicht heldenhaft gibt. Wenn damals vom Tod eines bedeutenden Menschen berichtet wurde, oder auch wenn dies heute geschieht, sieht das oft ganz anders aus. Ein großer Mensch fürchtet sich nicht vor dem Tod. Die Reife eines Menschen zeigt sich gerade darin, dass er dem Tod ruhig ins Angesicht sehen kann; seine Überlegenheit kommt darin zum Ausdruck, dass er wissend, gefasst und gelassen in den Tod geht. Der griechische Philosoph Sokrates steht einem da leuchtend vor Augen. Überall ist man bestrebt, das Sterben bedeutender Menschen in abgeklärten Farben zu zeichnen.

Die Erzählung vom Gebetskampf Jesu im Garten Gethsemane schildert uns keinen Helden. Jesus zittert und hat Angst. Er bittet seine Freunde, ihm beizustehen, und er bittet Gott kniefällig, er möge den Leidenskelch an ihm vorübergehen lassen.

Wenn ich die Leidensgeschichte Jesu höre, frage ich mich, ob nur von Jesus gesprochen wird, oder ob der Erzähler nicht auch von uns spricht, die wir Angst haben und erdrückt werden von Lasten, die wir gar nicht oder nur mit größter Kraftanstrengung zu tragen vermögen. Tatsächlich, aus eigener Erfahrung kann ich bezeugen, dass sich in der Gethsemane-Geschichte auch meine eigene Geschichte widerspiegelt. Wenn ich nämlich auf die Zeit meiner Krankheit zurückblicke, erkenne ich in der Gethsemane-Geschichte meine eigenen Züge. Es kamen Stunden der Angst, der Ungewissheit, Stunden der Mutlosigkeit, des bitteren Leids und des Verzagens. Ich wusste zwar: Ich bin nicht allein, mit mir leiden hunderte von Menschen. Und ich begegnete auch immer wieder solchen Kranken während meiner Therapie in der Arztpraxis. Und doch: Oft fühlte ich mich zusammen mit dem zitternden Jesus in der angstvollen Nacht von Gethsemane.

Wenn ich noch einmal auf die Geschichte des Leidens Jesu zurückblicke, mache ich noch eine weitere Beobachtung: Dreimal bittet Jesus seinen Gott, dass er den Leidenskelch von ihm wegnehme. Dreimal ruft er ihn mit „Abba – lieber Vater“ an. Dreimal bittet er, dass ihm die Stunde doch erspart bleiben möge. Was geschieht? Es geschieht vordergründig überhaupt nichts. Gott schweigt. Jesus muss feststellen: „Seht, die Stunde kommt“ – so als ob er nicht gebetet und nicht vor Gott geklagt hätte.

Da gibt es Menschen, die furchtbar leiden, körperlich und seelisch. Täglich schreien tausende von Kindern ihrem Tod entgegen. Täglich wird dieser hundertfältige Schmerz von Unterdrückung, Krieg, Trennung und Ohnmacht empfunden: täglich wird das Aushalten seelischer Grausamkeiten und tiefster Ängste der Verzweiflung Menschen zugemutet.

Manche unheilbar Kranke kommen über die Auflehnung nicht hinaus. Sie können einfach nicht annehmen, dass sie sterben müssen. Wenn andern die Lebensbilanz negativ ausfällt – drogenabhängig, kriminell, aidsinfiziert – wird das weitere Leben unerträglich.

In solchen Situationen gibt es immer wieder Menschen, die zu Gott rufen, weil sie noch zu beten und zu hoffen vermögen. Aber was geschieht dann? Es geschieht vordergründig überhaupt nichts. Gott schweigt offensichtlich. Die Stunde bitteren Leides bleibt ihnen nicht erspart, im Gegenteil. Jede Stunde wird für viele überall auf der Welt zur Todesstunde, zur Stunde der Verlassenheit und zur Stunde des Kreuzes.

Die Erzählung vom Zittern und Zagen Jesu im Garten Gethsemane ist im übertragenen Sinne auch unsere Erzählung, ist unsere Geschichte. Vielleicht kann man es auch so sagen: Es ist die Geschichte Jesu, der ganz in unsere Geschichte eingegangen ist: In unser Zittern und Zagen, in unsere Angst, in unser Klagen vor dem schweigenden Gott.

In einem gewissen Sinne bin ich Gott dankbar, dass Jesus nicht als Held gestorben ist, sondern als jemand, der zitterte und sich furchtsam zu Boden warf. Ich fühle mich mit Jesus verbunden, der von seinem Vater nicht erhört wurde, der in jener Stunde von Gott keine Antwort erhielt. Oft erleichtert es mich zu wissen, dass es diesem Jesus um nichts besser ergangen ist, als es uns ergeht. Offensichtlich ist er ganz in unsere Geschichte eingegangen.

b) Der Schlaf der Jünger

In der Erzählung von Gethsemane vernehmen wir aber auch noch eine andere Seite, die uns zu denken geben sollte, vom Schlaf der Jünger (Markus 14,37–41):

Und er ging zurück und fand sie (die Jünger) schlafend. Da sagte er zu Petrus: Simon, du schläfst? Konntest du nicht einmal eine Stunde wach bleiben? Wacht und betet, damit ihr nicht in Versuchung geratet. Der Geist ist willig, aber das Fleisch ist schwach. Und er ging wieder weg und betete mit den gleichen Worten. Als er zurückkam, fand er sie wieder schlafend, denn die Augen waren ihnen zugefallen; und sie wussten nicht, was sie ihm antworten sollten. Und er kam zum dritten Mal und sagte zu ihnen: Schlaft ihr immer noch und ruht euch aus? Es ist genug. Die Stunde ist gekommen; jetzt wird der Menschensohn den Sündern ausgeliefert.

Mindestens dreimal wird von den Jüngern berichtet, sie hätten geschlafen, und dies trotz der Einladung Jesu, bei ihm zu bleiben und mit ihm zu wachen. Wenn der Erzähler das Schlafen der Jünger so sehr in den Vordergrund stellt, dann will er damit doch etwas ganz Bestimmtes sagen. Wahrscheinlich ist es nicht nur der Schlaf der Müdigkeit. Es könnte auch der Schlaf der Interesselosigkeit sein, der Schlaf des Nichtwissen-Wollens, der Schlaf der Apathie. Gerade der Evangelist Markus zeigt mehrmals, dass die Jünger mit einem leidenden Jesus nichts zu tun haben wollen. Sie können und wollen sich das nicht zusammenreimen.

Geht es hier nur um die Jünger Jesu? Könnte die Haltung der Jünger gegenüber dem Leiden Jesu nicht auch unsere Haltung gegenüber dem Leiden in der Welt sein? Auf jeden Fall beobachten wir immer wieder, dass wir oft genug unsere Ohren gegenüber dem Aufschrei der Hungernden und Unterdrückten verstopfen. Kranke und alte Menschen müssen erleben, dass wir ihnen häufig aus dem Wege gehen. Aufmerksame Menschen, die sich mit Entwicklungspolitik beschäftigen und uns an die Ungerechtigkeiten und an das Kindersterben in der Dritten Welt erinnern, bezeichnen wir als linkslastig; sie gehen uns gelegentlich ganz schön auf die Nerven. Sind das etwa die wahren Lebenskünstler, die es verstehen, dem Leiden möglichst überall aus dem Weg zu gehen, dem eigenen Leiden wie auch dem fremden? Viele suchen nur ihre eigene heile Welt, möglichst abgesichert und isoliert, damit das Schreien der anderen nicht vernommen wird.

Wir entdecken also, dass die Geschichte der Jünger in Gethsemane unsere eigene Geschichte ist. Sie möchte uns dazu bringen, wach und hellhörig zu werden gegenüber dem Leiden in dieser Welt, gegenüber dem Leiden meines Nächsten, aber auch gegenüber meinem persönlichen Leiden.

Schließlich lädt uns die Erzählung von Gethsemane noch zu einer schwer verständlichen Überlegung ein. Vielleicht kann folgende Geschichte mein Anliegen besser klären.

Die Mutter eines elfjährigen Jungen wird eines Tages in die Klinik eingeliefert. Der Befund ist eindeutig: Krebs in fortgeschrittenem Stadium. Drei Wochen lang betet der Junge fast täglich, dass doch noch ein Wunder geschehe. Doch nach drei Wochen stirbt seine Mutter. Kurz darauf begegnet der Junge seinem Religionslehrer, der so oft vom gütigen Gott gesprochen hatte. Vorwurfsvoll fragt er seinen Lehrer: „Wo ist nun der gute Gott geblieben, von dem Sie im Religionsunterricht immer so schön gesprochen haben?" Sprachlos bleibt der Lehrer vor dem Jungen stehen, reicht ihm die Hand und scheut sich nicht, ihm gegenüber Tränen der Trauer zu zeigen. Auch er weiß keine Antwort. In diesem Augenblick beginnt der Junge zu schluchzen, denn auch sein Religionslehrer hat auf den plötzlichen Tod seiner Mutter keine Antwort – er ist sprachlos geworden. Der zutiefst Verletzte ist einem Menschen begegnet, der sich auf seine Not eingelassen hat. Durch diese persönliche Anteilnahme hat der Religionslehrer das Herz des Jungen neu gewonnen.

Dort, wo Leidende erfahren, dass sie im Leid nicht allein gelassen werden, dort, wo Menschen in ihrer Hoffnungslosigkeit von Mitmenschen begleitet werden, kann ein solches Wunder geschehen.

Die Geschichte von Gethsemane wird dadurch neu erlebt und gewissermaßen neu geschrieben. Zwar ist der Aufschrei des Leidens geblieben, auch das Schweigen Gottes wird nicht gebrochen. Aber Menschen haben sich in dieses Schweigen eingefunden und – einander helfend – es klagend angenommen.

3. Angst, Weinen und Klagen – in Solidarität mit den Psalmbetern

Als mich Dr. Khoury, Chefarzt des St. Josephspitals in Jerusalem, wissen ließ, dass ich an Lymphknotenkrebs leide, wurde mir der Boden unter den Füßen weggezogen: Ich brach in Weinen aus. Hätte ich als gläubiger Christ nicht „tapfer" sein müssen?

Jesus selbst hat im Garten von Gethsemane angesichts des Furchtbaren, das er auf sich zukommen sah, bittere Tränen geweint, gezagt und gezittert. Auch Christen sind nicht unerschütterliche Stoiker, die sich über alles Leiden erhaben wähnen und ein Mitleiden mit den Leidenden konsequent ablehnen. Auch sie sind Menschen aus Fleisch und Blut. Wer weder Angst noch Tränen kennt, ist ein verstümmelter Mensch. Der gläubige Christ darf nicht nur weinen und Angst empfinden, er darf auch Gott sein Leid klagen und nach dem „Warum" fragen.

a) Beten – das Zur-Sprache-Kommen des Lebens

Es fällt mir auf, dass Beten im Alten Testament nicht etwas Besonderes, etwas Frommes ist, das neben dem gewöhnlichen Leben einhergeht. Im Gegenteil, den damaligen Menschen ist Beten ein Teil des Lebens, mehr noch: das Zur-Sprache-Kommen des Lebens in all seinen Bezügen. Zum Leben aber gehören die Freuden und die Sorgen, Gesundheit und Krankheit, Glück und Leiden. Besonders in den Psalmen kommen diese beiden Seiten zum Ausdruck. Wer sich auf die Psalmen einlässt, bekommt es mit einem vollen, vitalen Leben zu tun, das sich nicht scheut auszusprechen, was den Menschen bewegt. Dies zeigt sich auch in der sprachlichen Ausdrucksweise. Für das deutsche Wort „beten" kennen die Psalmen eine ganze Reihe von Ausdrücken. Beten heißt u. a. klagen, schreien, danken, loben. Das sind alles Tätigkeiten, die Menschen bewegen. Es ist ein Zeichen seiner Vitalität, wenn einer klagt und schreit.

Der alttestamentliche Mensch schreit und klagt nicht ins Leere hinein. Er ist sich bewusst, dass er vor Gott schreit und klagt, lobt und dankt:

Mein Gott, mein Gott, warum hast du mich verlassen,
bist fern meinem Schreien,
den Worten meiner Klage? (Psalm 22,2).
Mit lauter Stimme schreie ich zum Herrn,
laut flehe ich zum Herrn um Gnade.
Ich schütte vor ihm meine Klagen aus,
eröffne ihm meine Not (Psalm 142,2f).

Eindrücklich sind auch die Worte des Königs Hiskia von Jerusalem, der in seiner schweren Krankheit sich an Gott wendet:

Ich sagte, in der Mitte meiner Tage muss ich
hinab zu den Pforten der Unterwelt,
man raubt mir den Rest meiner Jahre.
Ich darf den Herrn nicht mehr schauen
im Land der Lebenden,
keinen Menschen mehr sehen
bei den Bewohnern der Erde.
Meine Hütte bricht man über mir ab,
man schafft sie weg wie das Zelt eines Hirten.
Wie ein Weber hast du mein Leben zu Ende gewoben,
du schneidest mich ab wie ein fertig gewobenes Tuch.
Vom Anbruch des Tages bis in die Nacht
gibst du mich preis;
bis zum Morgen schreie ich um Hilfe.
Meine Augen blicken ermattet nach oben:
Ich bin in Not, Herr; steh mir bei!
(Jesaja 38,10–13 a. 14 b).

In den Psalmen und in anderen alttestamentlichen Texten spricht sich der Mensch über seinen Zustand nicht bei irgendjemandem oder gar vor dem Nichts aus. Gerade wenn der Beter sich von Gott verlassen oder verraten fühlt, richtet er sich an ihn, um vor ihm sein Elend darzulegen. In der Klage oder Anklage reagiert der Beter auf eine Enttäuschung. Weil der alttestamentliche Mensch weiß, dass Israel in der Vergangenheit Gott als Retter erfahren hat, wendet er sich umso eindringlicher an diesen Gott, um ihn zum Einschreiten zu bewegen. Psalmen sind deshalb immer ein Ausdruck einer Gotteserfahrung. Sie stellen nicht bloß fest, wie es um den Beter vor Gott bestellt ist, sondern sie verändern seine Situation. In diesen Gebeten bahnt sich jeweils eine Wende für den Beter an. Deshalb enden die Psalmen meistens nicht mit einer Klage. Im Notschrei nimmt das Gebet oft eine überraschende Wende zum Lob hin, wie dies Psalm 13 eindrücklich zeigt:

Ich aber baue auf deine Huld,
mein Herz soll über deine Hilfe frohlocken.
Singen will ich dem Herrn,
weil er mir Gutes getan hat (V. 6).

Sobald die Leidenden ihre Not vor Gott ausbreiten können, ist die Welt für sie schon eine andere geworden. Die Gewissheit, dass ihnen jemand zuhört, gibt den Betenden die Zuversicht, dass Gott zu ihnen steht. Dadurch tritt nicht bloß der Beter vor Gott, sondern Gott kommt dem Beter entgegen. Die Psalmen sprechen von einem „Begegnungsgeschehen“: Sie sind nicht bloß Selbstdarstellungen vor Gott; gleichzeitig erfahren die Klagenden, dass Gott zu ihnen spricht.

b) Aus dem Geist der Psalmen leben

Die Antwort auf die Frage, ob Psalmen Gebetstexte auch für heutige Menschen sind, wird davon abhängen, ob wir unser Leben mit Hilfe dieser Texte vor Gott zur Sprache bringen können. Die Antwort wird von Text zu Text, von Situation zu Situation verschieden ausfallen. Es gibt Psalmentexte, die uns vielleicht immer fremd bleiben werden, die wir nie ganz verstehen, nie ganz nachempfinden werden. Es gibt aber auch Psalmentexte, die in Anfechtung und Bedrängnis Kraft und Trost spenden. Deshalb ist es möglich, dass uns in einer bestimmten Situation ein Psalmwort neu aufleuchtet und wir in seinen Worten mit Gott ins Gespräch kommen. Zum Glück gibt es die Klagepsalmen, die uns ermuntern, mit unseren Fragen, Nöten und Problemen uns direkt an Gott zu wenden.

Brief an Gott

Du unbegreiflicher Gott!

Seit ich bewusst in die Lebensschule Jesu gehe, schreie ich mit ihm die Anfangsworte des Psalms 22: „Mein Gott, mein Gott, warum hast Du mich verlassen?“ So schrei ich auch heute zur Dir, denn durch das Seebeben in Asien verdichtet sich für mich all das, was täglich eine himmelschreiende Wirklichkeit ist.

Vierundzwanzigtausend Menschen sterben jeden Tag an

Hunger. Auch wenn sich mein Fragen in den Jahren verändert hat und ich vermehrt uns Menschen frage „Wie können wir all das zulassen?", so kann ich Dich, mein Gott, daraus nicht ausklammern, denn Du bleibst unser Schöpfer. Du hast dich unwiderruflich in Deiner Menschwerdung mit uns Menschen verbunden. Diese Flut wühlt meinen Schmerz auf. Es wird mir bewusst, wie schrecklich das Leben sein kann, in Ruanda, im Sudan und in den weltweit fünfundvierzig Kriegen, die jetzt gerade stattfinden. Ich verdränge diese Realität immer wieder, um nicht zu verzweifeln an unserer Welt, am Sinn, an Dir! Nun aber kann ich dieser Wirklichkeit einmal mehr nicht ausweichen. Durch diese Katastrophe wird mir die Unberechenbarkeit des Lebens neu bewusst. Diese wunderschönen Sandstrände, das dankbare Staunen über Deine Schöpfung und – plötzlich die zerstörerische Kraft der Naturgewalten, die innerhalb weniger Sekunden jahrelange Arbeit zerstört, Familien auseinander reißt, Waisenkinder zurücklässt, Unzählige traumatisiert und Millionen von Menschen in größte Not stürzt.

Wie soll ich da weiterhin von Deiner liebenden Sorgfalt erzählen? Von Deinem fürsorgenden Mitgefühl? Ich muss offen gestehen, dass ich hier nicht weiter weiß. Es gibt ein Zuviel des Leidens, es gibt Leiden, das ich beim besten Willen nicht mehr verstehe.

Immer wieder stoße ich allerdings auf etwas, das mir sehr zu denken gibt. Für Dich selbst, Gott, gibt es offensichtlich kein Zuviel des Leidens. Im Sterben Deines Sohnes Jesus Christus bist Du selbst hineingegangen in die Abgründe unseres Elends und Leidens, in die Abgründe unseres Sterbens und unserer Verlassenheit. Du hast Dich nicht aus der Affä-

re gezogen – im Gegenteil – Du lässt Dich in unsere Affäre hineinziehen. Unserer Revolte gegen das Leiden begegnest Du, Gott, nicht dadurch, dass Du mit einem Gewaltakt alles Leiden von uns nimmst. Gewalt verträgt sich ja nur schlecht mit der Freiheit. Unserer Sünde und unserer Revolte gegenüber dem Leiden begegnest Du mit einer umso größeren Liebe. Nur Liebe vermag Liebe zu wecken. Und das ist es doch, worum es geht: dass Liebe herrscht zwischen uns Menschen; dass Liebe zum Tragen kommt zwischen Dir und uns. Wenn wir uns fragen, warum Du noch wartest, warum Du nicht einschreitest, dem Leiden nicht endlich ein Ende setzt, dann sollen wir wissen, dass nur Dein liebendes Warten uns zur Liebe befeien kann. Ich wünschte, lieber Gott, ich hätte etwas von Deinem langen Atem, vielleicht sähe dann manches ganz anders aus.

c) Auch stummes Leid kann Sprache finden

Das Folgende soll zeigen, wie ein Mensch unserer Tage versuchte, sein Leben aus dem Geist der Psalmen zu gestalten.

Am 3. Dezember 1964 starb in einer Zürcher Klinik der gefeierte Schauspieler und Regisseur Ernst Ginsberg. Ginsberg, Sohn einer jüdischen Arztfamilie in Berlin, konvertierte als 35-Jähriger zum christlichen Glauben. Von den Nazis aus seiner Heimat vertrieben, siedelte er mit seiner Familie nach Zürich um und machte am dortigen Schauspielhaus eine glänzende Karriere. 1962 kehrte Ginsberg nach Berlin zurück. Sein Auftreten in der alten Heimat wurde für ihn zu einem persönlichen Triumph; es war klar, dass Ginsberg in Berlin vor einer zweiten großen Karriere stand. Da überfiel ihn eine heimtückische Krankheit: Lateralsklerose nannten sie die Ärzte: unheilbar! Über das Fortschreiten und den Ausgang seiner Krankheit war Ginsberg sich im Klaren. Er wurde nach und nach vollständig gelähmt; zum Schluss verlor der begnadete Schauspieler auch noch sein geliebtes Gut: Stimme und Sprache. Zu seinem 60. Geburtstag schreibt er:

Meine lieben Kollegen, alte und jüngere Freunde,
wie gerne hätte ich diesen Tag mit euch verbracht und noch einmal eines jener schönen, natürlichen und herzhaften Feste mitgefeiert, wie es so nur im Zürcher Schauspielhaus möglich ist. Wäre ich nur gelähmt, wie ich's an Armen und Beinen bin, ich hätte mich zu euch fahren lassen. Aber seit kurzem ist auch meine Sprache erkrankt; sie schleppt und gurgelt und quält sich in mir selbst ganz fremden, tiefen Tönen, mühsam von Satz zu Satz, und das wollte ich euch und mir ersparen. Sicher, diese letzte Rolle, von der ich nie geahnt hätte, dass sie in mein Fach schlagen würde, ist die schwerste meines Lebens. Lasst euch bitte von niemand einreden, ich spielte sie heldenhaft. Das ist nicht wahr. Es wäre auch übermenschlich. Aber ich habe Grund, für so vieles zu danken, dass sich das Schwere leichter trägt.

In den langen Monaten, als die fortschreitende Krankheit ihn langsam einkerkerte, verfasste er verschiedene Gebete in Gedichtform, in denen er sein tiefstes Leid formulierte und zu klagen begann:

Ich habe viel und bitterlich geweint,
in leerer Krankenzimmernacht gefangen,
schwach wie ein Kind,
das nach der Mutter greint,
von Angst gewürgt,
gejagt von schwarzem Bangen,
dem nicht das kleinste Erdenlicht
mehr scheint –
so, nackt und zitternd,
sollt ich heimgelangen.

Das Klagen, das Weinen und die Frage nach dem „Warum“ machen auch vor diesem Christen nicht Halt. Auch ein Christ darf angesichts seines Leidens klagen und nach dem „Warum“ fragen. Die Klage ist ja die Sprache des Leidens. Ohne die Phase der Klage, ohne den Schrei „warum“, droht der leidende Mensch von der dumpfen und stummen Apathie verschluckt zu werden.

Es gehört zum Menschlichsten in den Psalmen, dass der angeschlagene Mensch die Möglichkeit hat, vor Gott zu klagen, zu jammern und zu schreien. Selbst Jesus nimmt die Worte des Psalms 22 in den Mund und schreit am Kreuz: „Mein Gott, mein Gott, warum hast du mich verlassen?“ (Markus 15,34). Jesus hat dieses „Warum“ im Abgrund tiefster Sinnlosigkeit durchlitten und uns damit die Freiheit gegeben, auch unser ureigenes „Warum“ Gott entgegenzuschreien.

Dieses „Warum“ wird heute von unzähligen Menschen nachgesprochen: Mein Gott, warum wird uns ein behindertes Kind geboren; warum bin ich gelähmt; warum ist meine Ehe zerbrochen; warum habe ich keinen einzigen Menschen, der zu mir steht? Das sind alles Fragen, die Menschen bedrängen. Der klagende und fragende Schrei ist dann ein Gebet, wenn er sich an Gott wendet. So klagt Ginsberg in seinem tiefsten Leid:

Ach, ich bin doch schon lahm.
Warum noch das Letzte mir rauben,
was den Menschen von Tieren scheidet:
die Sprache –

Der Mensch im Leiden darf nicht nur weinen, klagen und „warum" fragen. Er darf und soll auch Gott bitten, ihn von seinem Leiden zu befreien, seine Not zu lindern. So geht denn Ginsbergs Klage und Warum-Frage über in die ergreifende Bitte, Gott möge ihm wenigstens ein Wort lassen, das Wort „Dank", um all jenen zu danken, die ihn auf seinem Lebensweg begleitet haben:

Oh mein Gott,
in der Sturmflut dieser Zerstörung,
in der mir die Sprache röchelnd ertrank,
lass mir –
oh schenk meiner Bitte Erhörung,
nur dieses einzige Wort noch: Dank.

Selbst diese Bitte wird ihm nicht erfüllt. Die Krankheit schreitet unerbittlich weiter. Ginsberg ergeht es wie so vielen andern Betern: Seine flehende Bitte bleibt unerhört, sie scheint im Leeren zu verhallen. Das Schweigen Gottes nimmt vielen Menschen den Mut, überhaupt noch ein Gebet zu wagen. Diese Anfechtung kann der gläubige Beter wohl nur im Blick auf Jesu Gebet in Gethsemane bestehen. Zitternd und zagend wirft sich Jesus dreimal auf die Erde und betet: „Lieber Vater, lass diesen Kelch an mir vorübergehen. Doch nicht wie ich will, sondern wie du willst!" (Markus 14,36). Jedes christliche Gebet im Leiden, jede Bitte um Linderung in der Not, muss deshalb auch diesen letzten Schritt tun: „Vater, nicht mein, sondern dein Wille geschehe!"

Obwohl Jesu Bitte um Verschonung vor dem Leiden nicht erfüllt wird, kehrt Jesus getröstet von seinem Gebet zu den schlafenden Jüngern zurück. Er ist ein anderer als der, der zum Gebet fortging. Er klagt und zittert nicht mehr. Er ist klar bei Sinnen und hellwach: „Die Stunde ist gekommen. Steht auf, wir wollen gehen" (Markus 14,41).

Ähnliches geschieht mit Ginsberg. Die letzte Strophe eines seiner letzten Gedichte („Abschied") lautet:

Ich falte
die Hände,
die
im Geist
und bete
ins Dunkel,
dass es
zerreißt

Diese letzten Verse entstanden, als Ginsberg sich nur noch mit Hilfe von Tabellen und Buchstabentafeln äußern konnte. In dieser langen Nacht des Leidens, die durch keine menschliche Hoffnung mehr erhellt wird, faltet Ginsberg seine Hände zum Gebet. Er kann sie nur noch im Geist falten, weil seine lahmen Hände seinem Willen nicht mehr gehorchen. Sein Gebet, in tiefer Nacht ins Dunkel hineingesprochen, ist getragen von der Bitte, Gott möge sein Dunkel zerreißen. Das heißt wohl, Gott möge ihn in sein göttliches Licht aufnehmen.

III. Die Frage nach dem „Warum“

1. Leiden – verursacht durch Menschen

Immer wieder begegnet uns die Frage: Wie ist das Leid vereinbar mit einem liebenden und allmächtigen Gott? Warum lässt Gott, der die Liebe sein soll, uns so leiden, wenn er doch die Macht hat, es zu verhindern? Diese Frage ist so alt wie die Menschheit. Schon der griechische Philosoph Epikur (gest. 270 v. Chr.) hat vier mögliche Antworten vorgeschlagen: Entweder will Gott das Leid beseitigen und kann nicht; oder er kann und will nicht; oder er will nicht und kann nicht; oder er will und kann.

Wenn Gott will und kann, so fragt Epikur, warum hebt er dann das Leid nicht auf?

Wenn er das Leid nicht verhindern will und auch nicht kann, dann ist er aber auch kein Gott.

Wenn Gott das Leid verhindern kann, aber nicht will, dann ist die Frage: Wie ist das zu vereinbaren mit einem Gott, der die Menschen liebt? Was ist das für ein Gott, der will, dass wir leiden? Was ist das für ein Gott, der Auschwitz hätte verhindern können? War der Holocaust Gottes Wille? Das ist nicht zu glauben!

Schließlich, wenn Gott das Leid beseitigen will und nicht kann, ist die Frage: Was ist das für ein Gott, der nicht alles kann, was er will? Was nützt uns ein Gott, der in das Weltgeschehen nicht eingreifen kann und der wie wir ein hilfloser Zuschauer ist? Welchen Sinn hat es dann noch, dass wir uns in unserer Not an ihn wenden?

Öffnet man ein klassisches theologisches Handbuch, findet man bis in die neueste Zeit auf die Frage: „Warum kann Gott das zulassen?" immer die gleiche Antwort: Menschliches Leiden ist letztlich Strafe für die Sünde, vor allem für die Ursünde; menschliches Leiden ist aber auch Medizin, die uns zur Läuterung und Prüfung von Gott verabreicht wird.

a) Ist Leiden Strafe für die Sünden?

Diese Antwort empfinden viele Zeitgenossen als Skandal und wenden ein: „Wenn ihr Theologen und Prediger nichts Besseres zu sagen habt, so schweigt doch lieber!" Es ist deshalb gut, wenn wir diese klassische Antwort, die das menschliche Leiden als Strafe und Medizin verstehen will, etwas genauer anschauen. Denn diese Theologen behaupten ja, die Antwort sei nicht ihre Erfindung, sondern finde sich klipp und klar in der Bibel.

Diese Ansicht ist vielen von Kindesbeinen an so eingeimpft worden, dass man bei manchen Leuten schon als Ketzer gilt, wenn man hier ein kräftiges Fragezeichen anbringt. Auch heute ist es gar nicht so selten, dass ein Mensch, der Schweres erleiden muss, direkt oder indirekt als schuldig betrachtet wird; man muss sich deshalb nicht wundern, wenn hie und da etwa gesagt wird: „Wer weiss, was der (oder die) angestellt hat, dass er durch ein solches Unglück bestraft wird!"

Eine solche Antwort ist in ihrer unnuancierten Klarheit nicht haltbar. Sie hat zudem gefährliche Konsequenzen. Wer nämlich behauptet, Leiden sei grundsätzlich Strafe oder Medizin, der läuft Gefahr, die Ursachen, die Menschen leiden machen, zu übersehen; denn es gibt unermessliches Leid, das wir Menschen einander antun. Jeder hat erschreckend viele Möglichkeiten, einem andern Leid zuzufügen. Ich kann ihn übervorteilen, ihn verleumden, ihn schlecht machen. Ich kann ihm aber ebenso großes Leid dadurch zufügen, dass ich ihn einfach nicht beachte oder ihn bloßstelle. Selbst dann kann ich einem andern Leid zufügen, wenn ich zu sehr mit mir selbst beschäftigt bin. In diesem Fall ist mir mein trautes Heim viel wichtiger als das Wohlergehen meines Nächsten. Oder meine einzige Sorge ist meine Arbeitsstelle, die möglichst viel Geld einbringen muss, mein Luxus, mit dem ich imponieren möchte, die gesellschaftliche Stellung, mit der ich mir bei anderen Respekt verschaffen will. So sehr bin ich von mir besessen und eingenommen, dass mir der Blick für den andern verloren geht.

Oder denken wir an die Unrechtsverhältnisse in dieser Welt, die Menschen leiden machen. Es gibt Hungerkatastrophen, die nicht sein müssten, es gibt Epidemien und Krankheiten, die gestoppt werden könnten. Man müsste nur das Geld, das in ein sinnloses Wettrüsten gesteckt wird, für diese Aufgaben frei machen. Wer sagt, Leiden sei Strafe und Medizin, der hat kein Interesse daran, die Verhältnisse, die uns leiden machen, zu ändern: Die Ausbeuter dürfen weiterhin ihr Werk tun, die Hungersnöte und Epidemien dürfen weiterhin ihre Opfer holen. Diese Theorie vom Leiden als Strafe hat bei vielen Christen zu einer passiven Haltung geführt, die dem Leiden gegenüber nur Ergebung kennt, nicht aber Widerstand. Abwendbare und unabwendbare Leiden werden nicht voneinander geschieden. Alle Leiden aber, die abgeschafft werden können, sind auch im Namen und Auftrag Gottes abzuschaffen, soweit das nur möglich ist. Es gibt noch genug Leiden, das nicht überwunden, sondern nur ertragen werden kann. Widerstand *und* Ergebung – das ist die menschliche und christliche Haltung dem Leiden gegenüber.

Wir haben also keine Möglichkeit, uns vor all diesem Leid entschuldigen zu können. Wir haben hier geradezustehen. Es nützt nichts, den Kopf in den Sand zu stecken. Zur Genüge sind wir auf die schlimmen Ungerechtigkeiten in der Welt aufmerksam geworden. Wir wissen seit langem, dass wir in einer Welt leben, in der die Reichen immer reicher und die Armen immer ärmer werden. Und dass wir auf der Seite der Reichen stehen, die auf dem Rücken der Armen und Hungernden sich eine Existenz aufbauen, eine Existenz, die geradezu seltsame Züge trägt: Jeder hat seinen Wagen (oder gar Zweitwagen), jeder hat seine Waschmaschine, seinen Staubsauber, seinen Fernseher, seine Ferienwohnung. Und jeder hat seine Bohrmaschine und seinen Hammer, die er nachgewiesenermaßen nur zweimal im Jahr braucht. Vieles davon hätten wir gar nicht nötig. Unsere Überversorgung ist ein Luxus, der auf Kosten jener geht, die nichts oder kaum etwas zu essen haben.

b) Keine falschen Entschuldigungen

Es hat keinen Sinn, um den heißen Brei herumzureden. Es gibt viele Leiden in der Welt, die wir selber verschuldet haben. Der Grund für dieses selbst verursachte Leid ist – biblisch gesprochen – die Sünde, ist *unsere* Sünde (d. h. unsere Trennung von Gott). Die Sündhaftigkeit des Menschen, die tief bis in die feinsten Strukturen unserer Gesellschaft, unserer Politik, unseres Wirtschaftssystems hineinragt, sodass wir uns davon kaum mehr zu befreien vermögen.

Das klingt alles sehr altmodisch und ich mache mich damit nicht beliebt, wenn ich das Kind beim Namen nenne. Aber darauf kommt es jetzt nicht an. Wenn wir das Wort „Sünde“ hören, überfällt uns eine Art „Apathie“, ein Nicht-Wahrhaben-Wollen. Beim Wort „Sünde“ geht ein riesiges Entschuldigungstheater durch unsere Reihen, besonders wenn es um *meine* Sünde geht. Alles und jedes wird auf die seltsamste Art entschuldigt. Meine Gemeinheit gegenüber dem Kollegen wird vielleicht dadurch entschuldigt, dass ich erblich belastet bin. „Ich bin eben so, da kann man nichts machen“, lautet die Antwort.

„Da kann man nichts machen" ist aber eine der perfidesten Ausreden! Und was noch schlimmer ist: Es ist eine Ausrede, die uns immer daran hindern wird, aus dem Schlamassel, in den wir uns selbst hineinmanövriert haben, herauszukommen.

Es wäre bestimmt sehr viel gewonnen, wenn wir uns ehrlich aufraffen könnten, unser Tun und Lassen auch wirklich als Sünde zu bezeichnen, ganz einfach, weil es der Wahrheit entspricht, ganz einfach, weil wir Sünder sind. Dies einzugestehen ist der Anfang dafür, manches Leiden auch wirklich zu überwinden.

c) Leiden – der Preis der Liebe?

Die klassische christliche Theologie des Leides hat die Sinnfrage nur zum kleinen Teil gelöst. Denn erstens hat die These, Leiden sei Strafe und Medizin, bei vielen Christen zu einer passiven Haltung geführt, die dem Leiden gegenüber nur noch Ergebung kennt. Die Kultur des Widerstands ging darüber verloren. Zweitens hat die These, Leiden sei Strafe, zur Vermehrung der zerstörerischen Schuldgefühle beigetragen.

Heutzutage versucht die christliche Theologie das Leiden eher als „Preis der Liebe" zu denken, um ihm so einen Sinn zu geben. Gott hat uns die Freiheit geschenkt, damit wir einander (und so auch ihn) lieben können. Die Freiheit aber können wir missbrauchen, um einander Leiden zuzufügen. Wie sähe die Welt aus, wenn alles Leid verschwände, das wir Menschen einander aus Egoismus und Gleichgültigkeit, aus Dummheit oder Bosheit antun?

Weil der Mensch seine Freiheit missbraucht, weil der Mensch selbst wie Gott werden will, wird er verantwortlich für viele Leiden in der Welt: vom banalen Ehekrach bis zur raffinierten politischen Brunnenvergiftung; von der Umweltkatastrophe bis zur Bombe von Hiroshima; von der Verbrennung der Hexen bis zum Massenmord am jüdischen Volk. Hier spielt der Mensch *sein* Trauerspiel – nicht Gott.

Weil Gott die Liebe will, will er die Freiheit, auch wenn in der Freiheit die Möglichkeit steckt, sie zu missbrauchen und so einander Leid zuzufügen.

Versuchen wir, diesen etwas schwierigen Gedanken anhand eines Beispiels zu erläutern. Wer von uns kennt nicht Eltern, die jahrelang alles für ihr Kind getan haben, weder Arbeit gescheut noch mit Zeit, Geld oder Liebe gegeizt haben, damit ihr Kind gut herauskomme, eine Lehre oder ein Studium machen könne – und nun kehrt ihr Kind ihnen den Rücken, zieht aus, haut ab, vielleicht in die Drogenszene, vielleicht in eine Sekte. Die Eltern sind völlig ohnmächtig. Es bricht ihnen fast das Herz, weil sie ihr Kind lieben. Aber wenn das Kind nicht selbst will, können die Eltern nichts machen. Wir müssen oft verzweifelt und ohnmächtig zusehen, wie unsere Liebsten sich kaputtmachen. Das ist die Ohnmacht der Liebe – die Ohnmacht vor der Freiheit des anderen. Natürlich könnten die Eltern im Einzelfall ihre Tochter, ihren Sohn mit Drohungen zurückhalten oder gar mit Gewalt zurückholen. Dann aber riskieren sie, ihr Kind für immer zu verlieren. Denn Liebe braucht Freiheit. Ohne Freiheit keine Liebe.

Es ist unschwer zu erraten, wo ich mit diesem Beispiel hinaus will. Wir nennen Gott unseren Vater. Und das ist recht so. Aber er will doch, dass zwischen ihm und uns Liebe herrscht. Und darum setzt er eben alles daran, uns frei zu machen, weil wir eben nur als freie, mündige Menschen wirklich lieben können. Er weigert sich einfach, uns an den Ohren zu nehmen, damit wir vernünftig werden. Gott ist – wie ein richtiger Vater – einfach nicht bereit, hinter uns herzulaufen, um unsere Dummheiten und Sünden gleich wieder in Ordnung zu bringen. Der Vater im Himmel mutet uns etwas zu. Und seine Liebe ist in der Tat derart diskret, dass wir sie vielfach nicht mehr direkt zu spüren bekommen. Das ist auch richtig so: Je erwachsener ein Mensch wird, je freier er wird, desto weniger ist es nötig, dass Gott dauernd dazwischenfunkt. Gott will, dass wir die Suppe, die wir uns einbrocken, selbst auslöffeln.

d) Gott traut uns etwas zu

Manchmal habe ich den Eindruck, dass wir Menschen im Gebet Wünsche an Gott richten, die wir uns durchaus selbst erfüllen können. Denn wenn wir in unseren Fürbitten zu Gott beten, er möge Hungernden zu essen geben, Kranke stärken, Einsame trösten, dann könnte Gott auch zu uns sagen: „Das ist doch nicht meine Sache; ihr seid doch jetzt groß genug; lasst euch selbst etwas einfallen, wie ihr einander helfen wollt; ich bin dann schon mit dabei!"

Hören wir auf die Erzählung vom „Sturm auf dem See" (Markus 4,35–41), in der Jesus seinen Jüngern zutraut, dass sie in einer schwierigen Situation das Ruder selbst in die Hand nehmen:

Am Abend dieses Tages sagte er zu ihnen: Wir wollen ans andere Ufer hinüberfahren. Sie schickten die Leute fort und fuhren mit ihm in dem Boot, in dem er saß, weg; einige andere Boote begleiteten ihn. Plötzlich erhob sich ein heftiger Wirbelsturm, und die Wellen schlugen in das Boot, sodass es sich mit Wasser zu füllen begann. Er aber lag hinten im Boot auf einem Kissen und schlief. Sie weckten ihn und riefen: Meister, kümmert es dich nicht, dass wir zugrunde gehen? Da stand er auf, drohte dem Wind und sagte zu dem See: Schweig, sei still! Und der Wind legte sich, und es trat völlige Stille ein. – Er sagte zu ihnen: Warum habt ihr solche Angst? Habt ihr noch keinen Glauben? Da ergriff sie große Furcht, und sie sagten zueinander: Was ist das für ein Mensch, dass ihm sogar der Wind und der See gehorchen?

Als „die Wogen ins Boot schlugen, sodass es sich bereits mit Wasser füllte“, heißt es von Jesus, er habe auf einem Kissen geschlafen. Ich vermute, dass mit diesem Schlaf etwas ganz Bestimmtes gemeint sein könnte. Ist der Schlaf Jesu nicht auch ein Zeichen des Vertrauens gegenüber seinen Jüngern? Ein Kind kann in einer ungewohnten Umgebung nicht gut schlafen. Wenn es unruhig ist und weint, nimmt es die Mutter in die Arme, dann ist es bald eingeschlafen! Es vertraut eben seiner Mutter. Bedeutet der Schlaf Jesu im schaukelnden Boot nicht auch, dass Jesus seinen Jüngern vertraut? Aber die Jünger kommen angstvoll zu Jesus, wecken ihn und sagen: „Kümmert es dich nicht, dass wir zugrunde gehen?“ Und wie reagiert Jesus? Gut, er stillt den Sturm. Aber den Jüngern sagt er: „Warum habt ihr keinen Glauben? Wollt ihr denn nie erwachsen werden?“

Gelegentlich habe ich den Eindruck, unser Gebet, unser Rufen nach dem Eingreifen Gottes sei nicht ganz ehrlich. Wir wälzen schnell etwas auf Gott ab, was wir selbst in die Hand nehmen sollten. Halten wir das für rechtens?

Und Gott greift auch nicht ein. Nicht, weil ihm an uns nichts liegt, sondern weil er uns als erwachsene Söhne und Töchter ernst nimmt; weil ihm alles daran liegt, dass wir frei werden, damit es Liebe gibt zwischen ihm und uns.

Wenn wir über das Leiden nachdenken, müssen wir wissen, dass wir letztlich nicht alle Fragen klären können. Sehr vieles ist ungesagt. Und für sehr vieles gibt es auch keine Antwort. Es muss schon fast genügen, wenn uns einmal ein klein wenig aufgeht, dass das Leiden etwas mit unserer Freiheit zu tun hat, mit unserer Freiheit zu lieben. Wir Menschen sind oft nicht bereit, in Freiheit uns für diese Liebe zu engagieren. Wir sind zu sehr vom Egoismus beherrscht. Wir schlafen wie die Jünger am Ölberg den Schlaf der Apathie, den Schlaf des Nichtwissen-Wollens. Wir verstopfen unsere Ohren gegenüber dem Aufschrei der Hungernden und Unterdrückten. Den Kranken und alten Menschen gehen wir möglichst aus dem Weg. Wir missbrauchen unsere Freiheit. Das ist unsere Sünde. Das Leiden in der

Welt ist nicht Zeichen dafür, dass Gott sich von der Welt abgewendet hat, sondern Zeichen dafür, dass Gott uns etwas zutraut. Gott nimmt uns als Menschen ernst und gewährt uns Freiheit. Er gibt uns die Chance, dass wir dem Leiden den Kampf ansagen. Und deshalb möchte er nur eines, dass unter uns Menschen, dass zwischen Gott und uns Liebe herrscht.

2. Unverschuldetes Leiden

Bisher sind wir den Ursachen des Leidens in dieser Welt nachgegangen. Schuld am Leiden sind nicht immer die andern: die Diktatoren, die Reichen, die Kommunisten und die Multis. Schuldig sind auch wir alle. Ich sehe keine Möglichkeit, wie wir uns vor all diesem ungeheuren Leid entschuldigen könnten. *Wir* als verantwortliche Menschen haben hier geradezustehen. Und doch haben wir die Frage nach den Ursachen des Leidens noch nicht vollständig beantwortet. Es gibt unsäglich viel Leid, das nicht unbedingt von Menschen verursacht wird. Ich denke jetzt an die vielen Leiden, die uns durch Naturkatastrophen heimsuchen: Überschwemmungen, Erdbeben, Vulkanausbrüche. Ich denke aber auch an die unzähligen Krankheiten, die Menschen überfallen.

Zugegeben, es gibt Naturkatastrophen, die der Mensch durch unvernünftiges Verhalten selbst verschuldet. Es gibt moderne Krankheiten, die wir uns durch eine ungesunde Lebensweise selbst zufügen.

Trotzdem gibt es unendlich viel Leid, das Menschen überfällt, ohne dass wir eine befriedigende Antwort darauf geben können. Es gibt auch viele Krankheiten, die ohne das Verschulden des Menschen eintreffen. Ich denke nur an die heimtückischen Krebserkrankungen, die oft unsägliches Leid verursachen. Auch für mich ist es unverständlich, dass ich im Sommer 1999 an Lymphknotenkrebs erkrankte. Ich bin mir nicht bewusst, dass ich meinem Körper unnötig Schaden zugefügt hätte. Im Gegenteil, ich habe stets durch regelmäßigen Sport für meinen Körper gesorgt.

a) Die Frage nach den Ursachen des Leidens

Die Frage nach den Ursachen des Leidens bleibt in vielen Fällen unbeantwortet. Folgende Beispiele aus unserer Erfahrungswelt mögen diese ungelösten Fragen nach dem Leid ein wenig veranschaulichen.

Eine Familie mit drei Kindern möchte in ein Eigenheim ziehen. Dazu gibt es zwei Möglichkeiten.

Die erste Möglichkeit: Der Vater entdeckt in einem Inserat ein günstiges, bereits bestehendes Einfamilienhaus. Alles ist klasse. Man kauft das Objekt und die Familie zieht ins neu erworbene Haus ein. Doch mit der Zeit merken die Bewohner, dass manches nicht ganz ihren Wünschen entspricht. Je länger man im neuen Haus lebt, umso mehr stört einen dies und das. So wird es den fünf Bewohnern allmählich bewusst, dass sie sich für den Kauf des Einfamilienhauses etwas mehr Zeit hätten nehmen müssen.

Es gibt aber auch eine zweite Möglichkeit, sich nach

einem neuen Heim umzusehen. Man hört von einem alten Bauernhaus, das leer steht und zum Kauf angeboten wird. Eines Tages geht die ganze Familie sich das Objekt ansehen. Freilich gibt es daran allerhand zu ändern und zu erneuern. Man muss einen Fachkundigen hinzuziehen. Und nun werden Pläne geschmiedet. Jedes der Kinder bekommt sein Zimmer, aber es muss sich selbst überlegen, wie es eingerichtet werden soll. In den freien Stunden geht man selber ans Werk. Man hilft den Handwerkern und dem Maler. Man muss einander zur Hand gehen. Nicht alles gelingt. Lange bevor das Haus fertig steht, ist die Familie schon eingezogen. Alle fühlen sich wohl im alten neuen Haus, auch wenn niemand von den Bewohnern so richtig glaubt, dass es überhaupt je einmal fertig wird! Denn immer wieder sieht man neue Möglichkeiten, etwas zu ändern, zu erneuern oder umzustellen.

b) Die Schöpfung Gottes und die Verantwortung des Menschen

Wofür würden wir uns entscheiden? Für das gekaufte Einfamilienhaus oder für das alte Bauernhaus? Gott selbst hat sich meines Erachtens für das alte Bauernhaus entschieden. Er hat nicht eine fix und fertige Welt eingerichtet mit prächtigen Städten und Dörfern, mit Parkanlagen, Straßen und Autobahnen, mit Stauseen und Elektrizitätswerken. Er hat eine Welt entworfen, die noch nicht fertig ist. Darüber berichtet uns der erste Schöpfungsbericht (Genesis 1,20–30):

Dann sprach Gott: Das Wasser wimmle von lebendigen

Wesen, und Vögel sollen über dem Land am Himmelsgewölbe dahinfliegen. Gott schuf alle Arten von großen Seetieren und anderen Lebewesen, von denen das Wasser wimmelt, und alle Arten von gefiederten Vögeln. Gott sah, dass es gut war. Gott segnete sie und sprach: Seid fruchtbar und vermehrt euch und bevölkert das Wasser im Meer, und die Vögel sollen sich auf dem Land vermehren. Es wurde Abend, und es wurde Morgen: fünfter Tag.

Dann sprach Gott: Das Land bringe alle Arten von lebendigen Wesen hervor, von Vieh, von Kriechtieren und von Tieren des Feldes. So geschah es. Gott machte alle Arten von Tieren des Feldes, alle Arten von Vieh und alle Arten von Kriechtieren auf dem Erdboden. Gott sah, dass es gut war.

Dann sprach Gott: Lasst uns Menschen machen als unser Abbild, uns ähnlich. Sie sollen herrschen über die Fische des Meeres, über die Vögel des Himmels, über das Vieh, über die ganze Erde und über alle Kriechtiere auf dem Land.

Gott schuf also den Menschen als sein Abbild; als Abbild Gottes schuf er ihn. Als Mann und Frau schuf er sie. Gott segnete sie, und Gott sprach zu ihnen: Seid fruchtbar und vermehrt euch, bevölkert die Erde, unterwerft sie euch und herrscht über die Fische des Meeres, über die Vögel des Himmels und über alle Tiere, die sich auf dem Land regen.

Dann sprach Gott: Hiermit übergebe ich euch alle Pflanzen auf der ganzen Erde, die Samen tragen, und alle Bäume mit samenhaltigen Früchten. Euch sollen sie zur Nahrung dienen. Allen Tieren des Feldes, allen Vögeln des Himmels und allem, was sich auf der Erde regt, was Lebensatem in sich hat, gebe ich alle grünen Pflanzen zur Nahrung. So geschah es.

In diesem Schöpfungsgedicht geht es nicht um ein Geschehen irgendwann, in der Stunde null, sondern um das Geheimnis der Erde, das verborgen ist, seit es die Erde gibt, und das es zu entdecken gilt, wenn die Erde das werden soll, was sie von Gott her und für die Menschen, Tiere und Pflanzen sein kann bzw. sein soll.

Deshalb muss man diese Geschichte auf sich wirken lassen. Selbst in einer so feierlich-barocken Erzählung wie der ersten Schöpfungsgeschichte kann man heraushören, dass der Erzähler nicht vordergründig Neuigkeiten mitteilen will, die man einfach zur Kenntnis nimmt, um so oder so weiter mit diesem Wissen zu arbeiten. Nein, diese Erzählung möchte von der besonderen Zuwendung Gottes zu seiner geliebten Schöpfung berichten. Gott hat eine Welt entworfen, die noch nicht fertig ist, und er hat in diesen Entwurf den Menschen miteinbezogen, damit er mitdenke und mithelfe. Er wollte, dass die Menschen einander zur Hand gehen und dass sie ihren Teil an Verantwortung übernehmen. Deshalb richtet sich Gott an die Menschen: „Seid fruchtbar und werdet zahlreich und füllt die Erde und setzt euren Fuß auf sie. Seid Hirten über die Fische im Meer und über das Fluggetier am Himmel und über jedes Tier, das sich auf der Erde regt" (Genesis 1,26–28).

Nicht als Ausbeuter und Zerstörer der Erde, sondern als ihre Beschützer, als „Heger und Pfleger" werden die Menschen in diese Welt geschickt. Als fürsorgliche Hirten des Lebens sollen sie dafür sorgen, dass die Schöpfung schön und lebensförderlich bleibt. Nicht *als* Gott, sondern *wie* Gott sollen sie mit der Erde, mit Pflanzen und Tieren leben, wie Gott, der die Erde liebt. Dass Gott ein Liebhaber dieser Welt ist, hat ein Theologe ca. 50 Jahre vor Christus im Buch der Weisheit in einer eindrücklichen Reflexion zusammengefasst:

Gott, du liebst alles, was ist, und verabscheust nichts von dem, was du geschaffen hast. Hättest du etwas gehasst, du hättest es nicht geschaffen! Wie könnte irgendetwas bestehen bleiben, wenn du nicht wolltest? Oder wie könnte etwas erhalten bleiben, was nicht von dir ins Dasein gerufen wäre? Du schonst alles, weil es dir gehört, dir – dem Liebhaber des Lebens! (Weisheit 11,24–26).

Wie Gott, der die Erde liebt, soll der Mensch also Mitgestalter dieser Erde werden. Und tatsächlich haben die Menschen teilweise auch gut gespurt. Sie haben dem Meer seinen Ort zugewiesen und Dämme gebaut. Sie haben sich Mühe gegeben, dass die Erde ihre Frucht bringt, Früchte, damit die Menschen sich ernähren können. Sie haben Lawinenverbauungen angebracht, damit Menschen und Vieh vor den Schneemassen geschützt werden; haben den Seuchen und Krankheiten weitgehend Einhalt geboten und vieles andere mehr.

Freilich, es gibt auch Pannen. So ganz hat der Mensch die Natur doch nicht im Griff. Davon wurden wir in der Schweiz am 26. Dezember 1999 Zeugen, als der unheimliche Sturm „Lothar" unsere Wälder verwüstete. Auch beim schrecklichen Seebeben vom 26. Dezember 2004 hätte ein gut funktionierendes Frühwarnsystem viel Unheil verhindern können. Aber die

Logistikprobleme bei der Verteilung der Hilfsgüter in Südostasien nach der Tsunami-Katastrophe sind auf menschliches Versagen zurückzuführen. Ja noch mehr: Manches ist ganz einfach dummes Zeug, was der Mensch produziert. Er verschandelt die Natur und konstruiert Maschinen, die ihn bedrohen, statt dass sie ihm helfen würden.

c) Das Risiko Gottes

Dass manches schief geht und es auch zu Pannen kommt, ist das Risiko, das man eingeht, wenn man in ein unfertiges Bauernhaus einzieht. Dass Gott die Welt als etwas Unfertiges dem Menschen übergeben hat, damit dieser die Welt mitgestalte, das ist das Risiko Gottes. Der Mensch aber kann an dieser unvollkommenen Welt mit den ihm zur Verfügung stehenden Mitteln arbeiten. Freilich wird es ihm nie gelingen, dieses unsägliche Leiden auf der Erde gänzlich zu beseitigen. So stellt sich die Frage, ob das viele Leiden – ich denke jetzt an das Leid, das schicksalhaft über den Menschen hereinbricht, an Erdbeben und Flutkatastrophen, an Millionen von Obdachlosen und Kranken –, nicht doch ein zu großes Risiko ist, das Gott eingegangen ist. Oder mit andern Worten: Hat sich Gott nicht allzu leicht aus der Affäre gezogen?

Doch die Bibel schildert uns auf eindrückliche Weise, dass sich Gott nicht aus der Affäre gezogen hat. Für Gott selbst ist der Preis offensichtlich nicht zu hoch. In seinem Sohn Jesus Christus ist er selbst hineingegangen in die Abgründe unseres Elends und unseres Leidens, unseres Sterbens und unserer Verlassenheit. Er zieht sich nicht aus der Affäre. Im Gegenteil: Er lässt sich sozusagen in unsere Affäre hineinziehen!

Allerdings muss ich offen gestehen, dass ich gerade deshalb oft nicht mehr weiterkomme. Es gibt einfach ein Zuviel des Leidens, es gibt Leiden, das ich beim besten Willen nicht verstehen kann. Immer wieder bekommen wir die eigene Ohnmacht besonders schmerzlich zu spüren. Wie oft stehen wir völlig machtlos da und können nichts unternehmen. Darum wünschen wir uns manchmal einen Gott, der von oben eingreift. Aber unser Gott ist kein *deus ex machina,* der unsere Wünsche und Erwartungen „auf Knopfdruck" erfüllt. Auch Jesus lässt Gott am Kreuz für des Menschen Sünde und Schuld verbluten. Ganz offen zeigt Gott hier seine Ohnmacht – Golgatha ist der Gipfel der Ohnmacht Gottes – aber auch der Gipfel seiner Liebe zu uns Menschen.

Ich bin froh und dankbar, dass es heute Menschen gibt, die wie ich manchmal das Leiden beim besten Willen nicht verstehen und deshalb weitere Fragen stellen.

IV. Die Frage nach dem „Wozu“

Bis jetzt sind wir dem Leiden in dieser Welt nachgegangen und haben uns die Fragen nach dem „Warum“ gestellt. Warum gibt es so viel Leiden in der Welt? Warum werden viele Menschen von heimtückischen Krankheiten überfallen?

Allerdings, wer nach dem „Warum“ fragt, der blickt nach rückwärts und vergräbt sich in der Vergangenheit. Aus der Vergangenheit werden wir aber selten eine Antwort erhalten, die uns wirklich weiterführt. Das „Warum“ kann unseren Horizont kaum sprengen. Wir werden immer um die gleichen Probleme kreisen und darum weder uns noch anderen wirklich weiterhelfen.

1. An Gott festhalten trotz Leiden

Werfen wir einen Blick auf Jesus! Unserer Ratlosigkeit vor dem Leiden begegnet er dadurch, dass er uns lehrt, eine neue Frage zu stellen.

Der Evangelist Johannes berichtet von einer überraschenden Begebenheit, von der Heilung eines Blindgeborenen (Johannes 9,1–7):

Unterwegs sah Jesus einen Mann, der seit seiner Geburt blind war. Da fragten ihn seine Jünger: Rabbi, wer hat gesündigt? Er selbst? Ober haben seine Eltern gesündigt, so-

dass er blind geboren wurde? Jesus antwortete: Weder er noch seine Eltern haben gesündigt, sondern das Wirken Gottes soll an ihm offenbar werden. Wir müssen, solange es Tag ist, die Werke dessen vollbringen, der mich gesandt hat; es kommt die Nacht, in der niemand mehr etwas tun kann. Solange ich in der Welt bin, bin ich das Licht der Welt. – Als er dies gesagt hatte, spuckte er auf die Erde; dann machte er mit dem Speichel einen Teig, strich ihn dem Blinden auf die Augen und sagte zu ihm: Geh und wasch dich in dem Teich Schiloach! Schiloach heißt übersetzt: Der Gesandte. Der Mann ging fort und wusch sich. Und als er zurückkam, konnte er sehen.

Die erste Frage, die sich stellt, ist die nach dem „Warum". Warum gibt es Menschen, die von Geburt an blind sind? Warum gibt es Leiden auf der Welt? Nach damaligem Verständnis wurde hinter jeder Krankheit, hinter jedem Leid persönliche Schuld vermutet. Prompt fragen die Jünger ihren Meister: „Rabbi, wer hat gesündigt? Er selbst? Oder haben seine Eltern gesündigt, sodass er blind geboren wurde?" Jesu Antwort ist zwar etwas rätselhaft, aber ungemein befreiend: „Weder er noch seine Eltern haben gesündigt." Mit seiner Antwort weist er stattdessen in die Zukunft: „An ihm soll Gottes Wirken sichtbar werden." Diese Antwort ist deshalb so befreiend, weil sie uns davon erlöst, immer nach dem „Warum" zu fragen.

Jesus entlastet den Blindgeborenen von der Schuldfrage. Er bleibt stehen, er wendet sich dem Kranken persönlich zu. Aber das ist nur die eine Seite der Heilung. Die andere ist der Weg, den der Blinde selbst zurücklegen muss: Er muss selbst zum Teich gehen und sich dort die Augen waschen. Erst auf dem Rückweg ist er geheilt. So wird Gottes Wirken sichtbar.

Jesus bietet dem Blindgeborenen und uns eine neue Welt an, eine Welt der Gemeinschaft und des Zutrauens. „Und als er zurückkam, konnte er sehen." Nicht unsere Vergangenheit, nicht unsere Schuld und Sünde, nicht unsere Krankheit und unser Leiden stehen mehr im Vordergrund. Die Frage nach dem „Wozu" öffnet unsere Sicht, sie sprengt unseren Horizont, weil unsere Zukunft doch letztlich in den Händen Gottes liegt. Diese Sicht ist für mich in meiner Krankheit sehr wichtig geworden.

Denn wenn ich nur auf die Vergangenheit und Gegenwart blicke, komme ich mir wie der Blindgeborene vor. Die Krankheit hat mir vieles durchkreuzt. Ich musste auf manches verzichten, das ich gerne getan hätte. Mein Körper war nicht mehr in der Lage, große Leistungen zu erbringen. So konnte ich lange Zeit nur noch geradeaus gehen. Das Aufwärtssteigen war schier unmöglich. Ich musste meine Zukunftspläne zurücknehmen, meinen Studienaufenthalt in Jerusalem nicht mehr weiterführen. Ich musste mich einschränken. Und das tat weh, das machte mich einsam und traurig.

Doch nun wusste ich, dass Jesus mir eine neue Zukunft gibt. Ich durfte auf ein gutes Ende hoffen. Der Blick in die Zukunft gab mir ein neues Lebensgefühl. Ich lebte ein Leben, das Zukunft hat, weil Gott meine, unsere Zukunft ist. Ich lebte ein Leben auf Hoffnung hin, weil Gottes Macht sichtbar werden soll. Das ist das Geheimnis Jesu.

Es ist übrigens keine Frage: Durch das Leid wächst die Liebe unter uns Menschen. Wenn alle gesund dann wären und niemand die Hilfe des anderen brauchte, wären wir alle ärmer. Durch die liebevolle Zuwendung von Mensch zu Mensch werden wir menschlicher. Gerade unter den Leidenden geht es oft sehr menschlich zu. Eine Seelsorgerin in der Psychiatrie bekannte: „So viel Menschlichkeit, Mitgefühl, Anteilnahme wie hier habe ich nirgends erlebt."

Das Leid kann Menschen reifer, erwachsener machen. Nicht wenige wachsen über sich hinaus. Ich denke an die Mutter, die jede Nacht zwei-, dreimal aufsteht, um ihr gelähmtes Kind umzudrehen, damit es wieder schlafen kann. Oder da ist die Frau, die ihrem krebskranken Mann wochenlang Tag und Nacht beisteht und in dieser Zeit kaum zum Schlaf kommt. Als ich sie frage, wie sie das alles schafft, lächelt sie mich an und sagt: „Wenn der Mensch, den du liebst, dich braucht, kannst du alles."

Wir staunen immer wieder, was Menschen aus Liebe zueinander alles aushalten. Manchmal ist es auch die Liebe zu Gott, die Menschen unglaublich stark macht. Wer glaubt, dass Gott bei ihm ist, dem werden oftmals übernatürliche Kräfte zuteil.

Die Erfahrung, dass das Leid gütiger und menschlicher macht, lässt sich aber nicht verallgemeinern. Sicher, es gibt Menschen, die an ihrer Krankheit verzweifeln und auch so sterben. Längst nicht jeder Kranke wächst über sich hinaus, manche gehen an ihrer Krankheit auch wirklich zugrunde. Wie viele Leidgeprüfte sind durch ihr Leid verbittert. Eine schwere Krankheit ist nun einmal eine große Erschütterung. Das Leben gerät oft aus den Fugen, gewohnte Tätigkeiten müssen aufgegeben, vieles muss umgestellt werden – von der Ernährung bis zum Tagesablauf. Nur wer in der Lage ist, das Leben neu zu sehen und einzuschätzen und vielleicht Gewichte neu zu verteilen, kann über schwere Krisen hinwegkommen.

Aber im Allgemeinen gilt das Wort von André Gide: „Krankheiten sind Schlüssel, die uns gewisse Tore öffnen." Kranke bekommen oftmals Einsichten, die Gesunden verschlossen bleiben. Kranken geht auf, dass eigentlich nichts selbstverständlich ist. Sehen, hören, essen, schlucken, atmen – verstehen sich nicht von selbst. Das Wunder des Lebens erschließt sich neu. Auch wenn der Kranke sich in seinem Leiden verschließt und sich abschließt gegen alles, was mit seiner Krankheit nichts zu tun hat, kann er sich dem Leben neu öffnen und zu mancher Erkenntnis gelangen, die ihm bisher verborgen war.

a) Wozu? Wofür?

Was ist der Sinn meiner Krankheit? Andere können mir diese Frage nicht beantworten. Nur ich selbst kann meinem Leiden einen Sinn geben. Wer einen Sinn in seinem Leiden sieht, kann es eher annehmen und bewältigen als der Leidende, der es für sinnlos hält.

Unsere Aufgabe besteht nicht darin, einem Kranken den verborgenen Sinn seines Lebens verständlich zu machen oder seine Krankheit zu deuten. Solche Deutungen rufen meist nur Abwehr hervor. Vielmehr sollen wir durch unser Dasein dem Kranken helfen, sein Leiden zu bestehen.

Nicht selten geht uns der Sinn des Leidens erst im Nachhinein auf. Rückblickend erkennen wir, dass die Krankheit heilsam war. Der Rückfall war ein Fortschritt, hat uns weitergebracht. Das Unglück war eigentlich ein Glück. Im Nachhinein wundern wir uns manchmal, wozu das Schlechte gut war.

Hat alles in meinem Leben vielleicht doch einen verborgenen Sinn? Vieles ist scheinbar zufällig geschehen, aber so langsam entdecke ich den tieferen Sinn. Oder hat Max Frisch Recht, wenn er sagt, es sei immer das Fällige, das uns zufällt? Ich weiß es nicht, aber manchmal geht uns auf einmal ein Licht auf und plötzlich sehen wir alles mit anderen Augen.

Es scheint, dass Freiheit und Liebe nur mit Leiden und Sterben erkauft werden können. Das sehen wir an Jesus: Er bezahlte die Befreiung des Menschen durch sein Leiden und Sterben. Jesus nachfolgen bedeutet nun aber nicht, dass um jeden Preis gelitten werden muss. Jesus nachfolgen bedeutet, auf den Menschen zugehen, wie Jesus auf ihn zugegangen ist: befreiend und Hoffnung vermittelnd.

Dass uns dieses Tun früher oder später das Kreuz bringt, ist nicht zu leugnen. Wir dürfen den Kopf nicht in den Sand stecken. Auch in Zukunft wird uns manches Bittere begegnen: eine Krankheit, ein Schicksalsschlag, eine Enttäuschung. Dieses Kreuz ist aber ein Kreuz, ein Leiden, das nicht in Sinnlosigkeit zerrinnt, ein Leiden, das uns nicht im resignierten „Warum" still stehen lässt. Es ist ein Leiden, das ein „Wozu" kennt, ein Leiden, das Zukunft ermöglicht. Denn wir wissen, wem wir glauben. Wir glauben an den, dessen Macht an uns und an dieser Welt sichtbar werden wird.

b) „Meine Gnade genügt dir; denn sie erweist ihre Kraft in der Schwachheit" (2. Korinther 12,9a)

Rückblickend kann ich feststellen, dass ich während meiner Krankheit eine tiefe Wandlung durchgemacht habe. Die äußere körperliche Verwandlung ließ mich erschrecken, aber in der inneren Wandlung erahnte ich etwas von Gottes Wirken. Bis zu meiner Erkrankung erlebte ich mich als stark und ich war es auch: körperlich gesund, voller Tatendrang und mit großer Willensstärke ausgestattet. Ich hatte mein Leben stets selbst bestimmt und mich auch gegen Widerstände durchgesetzt. Dann kam die Krankheit, die mich erbarmungslos schwächte, vor allem körperlich. Aber sie machte auch meine Seele weich. Ich lernte, zu meinen Gefühlen zu stehen, Trauer und Tränen zuzulassen. Bald spürte ich, dass gerade das Zulassen der Schwachheit mir eine große Würde gab und zu einer neuen Form von Stärke wurde. Es kam zum Gleichgewicht zwischen Stärke und Schwäche – menschlich. Krankheit kann eine Chance sein, den ungelebten Seiten im Leben Platz zu geben und das Leben so ins Gleichgewicht zu bringen.

Auf einer Konferenz am 3. Januar 2002 beeindruckte der frühere Skirennfahrer Silvano Beltrametti, der beim Abfahrtsrennen vom 8. Dezember 2001 in Val d'Isère durch einen Unfall querschnittgelähmt wurde, die Anwesenden und Journalisten. Er begann von den vielen kleinen Siegen zu erzählen, die er im Paraplegiker-Zentrum in Nottwil/Schweiz erringe und die ihm viel mehr bedeuteten, als die Podestplätze im Skiweltcup. Einen solchen Sieg empfand er z. B., als er zum ersten Mal nach seinem fatalen Sturz wieder das Essen alleine zu sich nehmen konnte. Auch „kleine Umarmungen, die man früher nie wahrgenommen habe", zählten zu den Siegen ungewohnter Art.

Dass auch ich siegreich bestehen kann, verdanke ich mir sehr nahe stehenden Menschen, die mir immer wieder Mut machen. Da mich die Krankheit erbarmungslos schwächte, musste ich einen langsameren Schritt einschlagen. Auch während meiner Chemotherapie hielt ich einzelne Vorlesungen an der Theologischen Fakultät. Nach jeweils zwei Stunden war ich zwar total erledigt, aber bis zur nächsten Woche hatte ich wieder die nötige Kraft und Energie. Die Erfahrung, nicht mehr unter Stress und Druck zu sein, war für mich sehr heilsam. So konnte ich während dieser Zeit auch wissenschaftlich tätig bleiben. Ich habe an meinem überarbeiteten Werk „Wie Jesus lebte" weiter geschrieben und konnte das Buch noch während meiner Krankheit neu herausgeben.

Die Krankheit gab mir die Möglichkeit, eine andere Seite des Lebens kennen zu lernen. Mein Leben verläuft seltener im Entweder-Oder. Es ist nun von der Unterscheidung zwischen der Zeit für das Eine und der Zeit für das Andere geprägt, wie es in einem Gebet so schön heißt:

Gott gebe mir die Gelassenheit,
Dinge hinzunehmen, die ich nicht ändern kann,
den Mut, Dinge zu ändern, die ich ändern kann,
und die Weisheit, das eine vom andern zu unterscheiden.

Eine Krankheit kann uns den Zugang öffnen zu einer neuen Ebene des Lebens, zur spirituellen Ebene, auf der wir die innere Stimme erkennen und auf sie hören, und so das Leben neu sehen und gestalten. Das zeigt das Beispiel einer kranken Frau. Sie fragte ihren Mann: „Muss ich alles ändern, nur weil ich Krebs habe?" Beide fanden die Antwort: „Ändere die Dinge im Leben, die ohnehin geändert werden müssen."

2. *„Einer trage des anderen Last."*

Leidende Menschen und alle, die sie begleiten, brauchen unbedingt Orientierungshilfen, „Sinn-Inseln", die ihnen erlauben, ihre schwierige Situation einzuordnen und zu bestehen. Sie sind auf Menschen angewiesen, die ihre Last mittragen (Galater 6,2). Hier geht es um die Wichtigkeit des Trostes im Leiden. Zwar ist es heute Mode, den Begriff „Trost" herabzusetzen nach dem

Motto: „Das ist aber ein schwacher Trost!" Echter Trost aber hat nichts mit billiger Vertröstung zu tun. Der leidende Mensch braucht Begleitung und Trost, weil Leiden schnell in die Vereinsamung und Isolation führt. Leiden erzeugt oft Gefühle der Ohnmacht, bisweilen gar der Scham. Besonders bei krebsleidenden Menschen habe ich immer wieder diese Sprachlosigkeit festgestellt. Der Tröstende weiß um die Härte des Lebens und er weiß auch, dass Besserwisserei und fertige Antworten nicht helfen können – sie lassen den Leidenden eher hilflos und verletzt zurück. Ein verstehendes Mitgehen, das die Zweifel und Ängste des Leidenden ernst nimmt, seine stummen Signale erkennt, sein Schweigen respektiert, seine Tränen teilt.

Dieses mitleidende Begleiten muss – je nach Situation – vielfältige Formen annehmen. So kann Trost z. B. darin bestehen, dass wir Leidende an unserer Welt und unseren Erfahrungen teilnehmen lassen, oder auch ihnen zuhören, was sie bewegt und beschäftigt. Irene Neubauer, die zuerst ihren Mann durch plötzlichen Tod verliert und wenige Zeit später selbst von einem Lymphknotenkrebs heimgesucht wird, beschreibt ihre positiven Erfahrungen: „Wenn es in diesen schweren Wochen und Monaten etwas Tröstliches gegeben hat, dann die Intensivierung vieler Beziehungen. Nach dem Tod meines Mannes wurde uns eine überwältigende Anteilnahme entgegengebracht. Und als ich krank wurde, habe ich mehr als je zuvor erfahren, was es bedeutet, von einem Netz an Beziehungen aufgefangen zu werden. So viele Menschen aus der Familie, dem Freundeskreis, der Nachbarschaft und dem Arbeitsleben haben mitgetragen – manchmal auf ganz überraschende und wohltuend handfeste Weise. So haben wir häufig Brote, Kuchen und Gerichte bekommen, die ich nur noch in den Ofen zu schieben brauchte, weil die Leute wussten, dass in unserer Partnerschaft mein Mann der Meisterkoch gewesen war. Es hat mich auch oft berührt, dass Frauen und Männer aus unserem Dorf sich nicht gescheut haben, auf mich zuzukommen. Für all dies empfinde ich eine große Dankbarkeit."

Der Mensch lebt letztlich nicht von seiner Leistungsfähigkeit: Wir können nur dann als Menschen bestehen, wenn wir von einem unendlichen Ja getragen werden, das uns unabhängig von unserem Erfolg und unserer Leistung zugesagt wird. An dieses unbedingte Ja glauben Christen, wenn sie an Gott glauben.

Gott hat uns Hände gegeben, damit wir einander die Hand reichen und liebevoll miteinander umgehen. Gott hat uns Arme gegeben, damit wir einander in die Arme nehmen. Gott will durch unsere Hände, unsere Herzen, unsere Phantasie Leidende trösten.

3. In der Nachfolge des leidenden Jesus

Wer sein eigenes, unabänderliches Leiden aus Gottes Hand annehmen kann – ob unheilbare Krankheit oder bleibende schwere Behinderung –, kann dies als Kreuzesnachfolge verstehen (Markus 8,34). Dieses Wort

Jesu wurde leider unter Christen oft missbraucht und führte dann zu einer unguten Leidensmystik. Das geschah immer dann, wenn die historischen Gründe, die Jesus ans Kreuz gebracht haben, vergessen wurden. Mir stellt sich das so dar: Jesu Tod am Kreuz war Folge seines besonderen Verhaltens Gott und Menschen gegenüber und seiner außergewöhnlichen Botschaft. Jesus stellte Gott als Feind des Leidens und als Freund des Lebens in den Mittelpunkt, indem er das Leid im Namen Gottes überwand. Dafür wurde er schließlich getötet. Denn Jesu neue Praxis wurde als Gotteslästerung empfunden, und so wurde er von führenden Vertretern der jüdischen Geistlichkeit den Römern zur Kreuzigung übergeben. Bevor wir deshalb von der Kreuzesnachfolge reden, wollen wir uns in das Leiden Jesu selbst hineinversetzen.

Dazu sollen uns einige Verse aus Psalm 22 dienen, jenem Psalm, den Jesus als Sterbender am Kreuz von Golgatha betete (1–12.17–26):

Mein Gott, mein Gott, warum hast du mich verlassen,
bist fern meinem Schreien,
den Worten meiner Klage?
Mein Gott, ich rufe bei Tag,
doch du gibst keine Antwort;
ich rufe bei Nacht und finde doch keine Ruhe.
Aber du bist heilig,
du thronst über dem Lobpreis Israels.
Dir haben unsre Väter vertraut, sie haben vertraut,
und du hast sie gerettet.

Zu dir riefen sie und wurden befreit,
dir vertrauten sie und wurden nicht zuschanden.
Ich aber bin ein Wurm und kein Mensch,
der Leute Spott, vom Volk verachtet.
Alle, die mich sehen, verlachen mich,
verziehen die Lippen, schütteln den Kopf:
„Er wälze die Last auf den Herrn,
der soll ihn befreien!
Der reiße ihn heraus, wenn er an ihm Gefallen hat.“
Du bist es, der mich aus dem Schoß meiner Mutter
zog, mich barg an der Brust der Mutter.
Von Geburt an bin ich geworfen auf dich,
vom Mutterleib an bist du mein Gott.
Sei mir nicht fern, denn die Not ist nahe,
und niemand ist da, der hilft.
Viele Hunde umlagern mich,
eine Rotte von Bösen umkreist mich.
Sie durchbohren mir Hände und Füße.
Man kann all meine Knochen zählen;
sie gaffen und weiden sich an mir.
Sie verteilen unter sich meine Kleider
und werfen das Los um mein Gewand.
Du aber, Herr, halte dich nicht fern!
Du, meine Stärke, eil mir zu Hilfe!
Entreiße mein Leben dem Schwert,
mein einziges Gut aus der Gewalt der Hunde!
Rette mich vor dem Rachen des Löwen,
vor den Hörnern der Büffel rette mich Armen!
Ich will deinen Namen meinen Brüdern verkünden,
inmitten der Gemeinde dich preisen.

Die ihr den Herrn fürchtet, preist ihn,
ihr alle vom Stamm Jakobs, rühmt ihn;
erschauert alle vor ihm,
ihr Nachkommen Israels!
Denn er hat nicht verachtet,
nicht verabscheut das Elend des Armen.
Er verbirgt sein Gesicht nicht vor ihm;
er hat auf sein Schreien gehört.
Deine Treue preise ich in großer Gemeinde;
ich erfülle meine Gelübde vor denen,
die Gott fürchten.

Psalm 22 – ein Klagelied eines leidenden Gerechten – klingt immer wieder in der Passionsgeschichte Jesu an. Kein Psalm hat auf die ersten Christen eine so große Anziehungskraft ausgeübt wie dieser Psalm. In ihm haben die ersten Christen das Schicksal ihres Herrn besungen gesehen. Sie empfanden ihn als so treffend, dass sie das Leiden Christi geradezu mit den Worten dieses Psalms beschrieben. Dadurch konnten die Hörer begreifen: Der hier leidet, ist nicht von Gott verworfen. Im Gegenteil: Er ist der Gerechte, der Gottes Weg geht und von ihm angenommen ist.

Wir brauchen nur einen Blick auf den Psalm zu werfen, um festzustellen, dass manches Wort darin in den Passionsgeschichten auf irgendeine Weise wiederkehrt. Nicht nur, dass Jesus den ersten Vers am Kreuz hinausgeschrien hat: „Mein Gott, mein Gott, warum hast du mich verlassen?“, es finden sich auch sonst mannigfache Hinweise, die uns zu denken geben.

Der Hohn und der Spott, von dem im Psalm die Rede ist, kommt in der Passionsgeschichte zur Genüge zum Ausdruck: „Die Leute, die (am Kreuz Jesu) vorbeikamen, verhöhnten ihn und schüttelten den Kopf" (Markus 15,29). Sie sagten: „Er hat auf Gott vertraut; der soll ihn jetzt auch retten" (Matthäus 27,43).

Selbst das Durchstechen der Hände und Füße, das Teilen der Kleider – all das ist in unserem Psalm vorgezeichnet. Diese Anspielungen haben für die ersten Christen einen tieferen Sinn. Sie betrachten das Geschehen am Kreuz von Golgatha von Psalm 22 aus. Von dorther verstehen sie, warum Jesus leiden musste. Sein Weg war vorgezeichnet. Von dorther wissen sie aber auch, dass Jesu Gebetsschrei von Gott erhört worden ist: „Er verbirgt sein Antlitz nicht vor ihm; er hat sein Schreien gehört" (Psalm 22,25).

a) Die Leidensgeschichte des Menschen

Und doch ist der Psalm ein Gebet, das Israel schon lange vor Christus gebetet hat. Bis zum heutigen Tag betet jeder fromme Israeli diesen Psalm zu Hause oder in der Synagoge beim Gottesdienst.

Es ist nicht zuviel gesagt: Die ganze leidvolle Erfahrung Israels ist in diesem Klagelied eingefangen. Mit diesem Psalm hat Israel, haben die Frommen damals ihre Sorgen vor Gott getragen. Dieser Psalm half ihnen, darüber zu klagen, dass Gott so weit weg ist, dass man ihn nicht mehr spürt. In diesem Klagelied fühlten sie sich aufgehoben, wenn sie in der Versuchung standen, zu verzweifeln und den Glauben zu verlieren. All die

Tränen des Exils in Babylon, all das Leiden der Verfolgungen durch die Jahrhunderte, all die Anfechtungen und Bitterkeiten des Lebens bis in unsere Tage, auch die unsagbaren Judenverfolgungen im 20. Jahrhundert sind in dieses Klagelied eingeflossen. Und ausgerechnet diesen Psalm nahmen die ersten Christen, um den Tod Jesu zu deuten.

Hier werden keine schweren und unverständlichen Sätze formuliert, um das Leiden Jesu in Erinnerung zu rufen. Nein, Christen klagen vor dem Gekreuzigten auch das eigene Leid ein, die eigene Gottverlassenheit, so wie Juden durch die Jahrhunderte mit Psalm 22 ihr Leiden und Sterben als Volk beklagt haben.

Es bleibt eine Tatsache, dass auch heute unzählige Menschen im Leidensweg Jesu ihr eigenes Leiden verstehen und annehmen lernen. Als Christen sind wir verpflichtet, die „modernen Kreuze" in unserer Welt nicht zu übersehen, sondern genau hinzusehen, wo um uns herum wiederum Kreuze aufgerichtet werden.

Auch wenn das Heil schaffende Leiden Jesu am Kreuz nicht auf einer Ebene liegt mit „unseren Kreuzen", so erfahren wir doch das Kreuz auch heute als etwas sehr Konkretes. Es kann die Gewalt bedeuten, die im Zusammenleben zwischen Menschen und Völkern, zwischen den reichen und den armen Ländern dieser Welt herrscht. Es ist zu erkennen bei jedem hungernden und geschundenen Menschen, bei den Kindern, die – in den eigenen Familien sexuell missbraucht und als „Arbeitssklaven" ausgebeutet – jahrelang verschweigen müssen, was ihnen angetan wurde. Es ist auch bei jenen Frauen zu erkennen, die unter Benachteiligungen leiden und sich schuldig fühlen, wenn etwas in Familie oder Beruf schief läuft. Es sind die Männer, die – überfordert durch beruflichen Stress und die Sorge um den Arbeitsplatz – krank werden. Es sind die alternden Menschen, die – für die Leistungsgesellschaft unerwünscht – nur noch als Kostenfaktor für Pensions- und Krankenversicherung angesehen werden.

Angesichts solchen Leidens gibt es wohl kein Gebet, das uns Heutigen so sehr aus dem Herzen spricht wie dieses Klagelied: Mein Gott, mein Gott, warum hast du mich verlassen?! Warum hörst du nicht, wenn ich schreie, warum bist du so fern? Mein Gott, Tag und Nacht rufe ich um Hilfe, doch du antwortest nicht!

Ich möchte niemanden in seinem Glauben und in seiner Geborgenheit gefährden und schon gar nicht den Glauben und die Geborgenheit als Illusion abtun. Aber vielleicht kann es dem Einen oder Anderen ein Trost sein: Auch als so genannte religiöse Menschen haben wir den Gott, der sich uns in Liebe zuwendet, nicht einfach immer „zur Hand". Wer kennt sie nicht, die Erfahrung, dass der Gott, zu dem wir gerne beten möchten, zu dem wir im Leiden aufschreien, dass dieser Gott oft genug schweigt!? Wenn Jesus am Kreuz betete: „Mein Gott, warum hast du mich verlassen?", so heißt das für uns, dass der von uns als abwesend erfahrene Gott dennoch der Gott ist, zu dem Jesus Christus in seiner Gottverlassenheit am Kreuz schrie. Dieser Gott Jesu Christi, der Gott der Offenbarung, ist auch unser Gott, der Gott, zu dem wir beten und schreien dürfen und sollen.

In der Nachfolge dieses Jesus Christus ist dann auch unser Notschrei, auch unsere Erfahrung der Ferne Gottes, seiner Abwesenheit, seines Schweigens, auch unser Aufschrei aufgehoben in jenem Gebet Jesu. Auch für uns gilt dann, dass Gott in seiner Abwesenheit, seinem Schweigen, gerade in seiner Ferne uns nahe ist. Auch für uns ist Gott nirgends so nahe wie dann, wenn wir meinen, wir wären an ein Kreuz genagelt, wir wären wirklich am Ende und es gäbe niemanden, der sich um uns kümmern würde.

b) Unser Bekenntnis zu einem neuen Leben

Darin besteht unser Glaube an die Auferstehung: Unser Gott ist gerade im Leiden und im Sterben bei uns! Deshalb bringt auch unser Psalm, der mit dieser schrecklichen Klage beginnt „Mein Gott, mein Gott, warum hast du mich verlassen?“, am Ende einen ganz neuen Klang:

> *Ich will meinen Brüdern und Schwestern*
> *von dir erzählen,*
> *in der Gemeinde will ich dich preisen! (Psalm 22,23)*

Man hat immer wieder gerätselt, wieso im zweiten Teil des Psalms der Notschrei sich plötzlich in ein Gotteslob verwandelt (Psalm 22,23-26).

Es mag durchaus sein, dass sich im Aufschrei des Betenden das Dunkel lichtet. Allein schon das Aussprechen meiner Not vor Gott verschafft mir Erleichterung, ähnlich wie ich mich nach einem klärenden

Gespräch mit einem Menschen ebenfalls erleichtert fühle. Schon der Akt des Klagens kann zur befreienden Veränderung werden: Im Ehrlichwerden vor Gott verändere ich mich, und auch die Welt um mich ist für mich anders geworden. Im Gespräch mit Gott lerne ich verstehen, dass es im Leben Wichtigeres gibt, als unbedingt wieder gesund zu werden. Im Gespräch mit Gott kann mir vielleicht sogar aufgehen, warum er mein Gebet nicht so erhört, wie es meinem Wunsch entspräche. Allerdings fällt es uns nicht leicht zu verstehen, dass die Erhörung auch darin bestehen kann, dass wir Gottes Willen tiefer erfassen, gelassener werden und schließlich Gott alles überlassen.

Auch wenn unser Gebet scheinbar nicht erhört wird und sich vordergründig nichts ändert: Wir ändern uns durch das Gebet, durch die Zwiesprache mit Gott. Wenn wir beten, wird unsere Not nicht unbedingt kleiner, doch unser Blick weitet sich. Wenn wir beten, wird unser Kreuz nicht unbedingt leichter, doch unsere Schultern werden tragfähiger.

Denn wo immer es Menschen gelingt, durch Weinen, Klagen und Bitten hindurch schließlich ja zu sagen zu dem, was Gottes unbegreifliche Liebe ihnen zumutet, da geschieht Ergebung in den Willen Gottes: „Nicht mein Wille, sondern Dein Wille geschehe!" Wo das geschieht, geschieht ein Wunder.

Kommen wir noch einmal auf die Fragen zurück: Warum Krebs? Warum Missgeburten? Warum Flutkatastrophen? Darauf habe ich keine endgültige Antwort. Ich weiß nur, dass wir diese Leiden und dieses „Warum“ mitnehmen müssen unter das Kreuz des Karfreitags. Unter diesem Kreuz müssen wir einander helfen – weinend, klagend, betend – , dieses Leiden im Licht von Ostern in Hoffnung verwandeln zu lassen.

4. Der Tod hat nicht das letzte Wort

Ostern beginnt mit dem Karfreitag, mit dem Sterben eines wegen Gotteslästerung zum Tode verurteilten Menschen, Jesus von Nazareth. Sein Leben war geprägt von einer lebendigen Gottesbeziehung. Diese bezeugte er mit Worten und Taten: „Blinde sehen, Lahme gehen, Aussätzige werden rein, Taube hören, Tote werden auferweckt und den Armen wird die frohe Botschaft verkündet“ (Matthäus 11,5). Gottesnähe und Gottesliebe wurden erfahrbar, greifbar durch Jesus.

Die Menschen um ihn standen vor der Entscheidung, diese von ihm angebotene Liebe anzunehmen oder Jesus den Rücken zu kehren. Die einen folgten Jesus zustimmend, andere suchten sogar eine Möglichkeit, ihn aus dem Weg zu schaffen. Dies ist ihnen schließlich gelungen. Jesu Tod am Kreuz scheint zunächst die Bestätigung zu sein, dass auch Gott nicht auf seiner Seite stand. Wie sonst hätte Jesus so kläglich, gottverlassen enden können? War alles umsonst?

a) Ostern gibt eine Antwort

Nein, der Tod hat nicht das letzte Wort. Es gibt eine Auferstehung. Die Evangelien laden uns ein, mit ihren Auferstehungsberichten den Weg vom dunklen Karfreitag zum Glauben an die Auferstehung mitzugehen. Zum Beispiel in der Erzählung von der Begegnung Jesu mit Maria von Magdala (Johannes 20,11–18):

Maria aber stand draußen vor dem Grab und weinte. Während sie weinte, beugte sie sich in die Grabkammer hinein. Da sah sie zwei Engel in weißen Gewändern sitzen, den einen dort, wo der Kopf, den anderen dort, wo die Füße des Leichnams Jesu gelegen hatten. Die Engel sagten zu ihr: Frau, warum weinst du? Sie antwortete ihnen: Man hat meinen Herrn weggenommen, und ich weiß nicht, wohin man ihn gelegt hat. Als sie das gesagt hatte, wandte sie sich um und sah Jesus dastehen, wusste aber nicht, dass es Jesus war.

Jesus sagte zu ihr: Frau, warum weinst du? Wen suchst du? Sie meinte, es sei der Gärtner, und sagte zu ihm: Herr, wenn du ihn weggebracht hast, sag mir, wohin du ihn gelegt hast. Dann will ich ihn holen.

Jesus sagte zu ihr: Maria! Da wandte sie sich ihm zu und sagte auf hebräisch zu ihm: Rabbuni!, das heißt: Meister.

Jesus sagte zu ihr: Halte mich nicht fest; denn ich bin noch nicht zum Vater hinaufgegangen. Geh aber zu meinen Brüdern, und sag ihnen: Ich gehe hinauf zu meinem Vater und zu eurem Vater, zu meinem Gott und zu eurem Gott.

Maria von Magdala ging zu den Jüngern und verkündete ihnen: Ich habe den Herrn gesehen. Und sie richtete aus, was er ihr gesagt hatte.

Mitten in ihrer abgrundtiefen Trauer am Grab Jesu begegnet Maria dem Auferstandenen selbst. Zuerst erkennt sie ihn nicht. Wie sollte sie auch? Erst als er ihren Namen ausspricht, wird die Beziehung wieder lebendig. Jesus sendet Maria und sagt zu ihr: „Geh zu meinen Brüdern und Schwestern und sag ihnen: Ich gehe hinauf zu meinem Gott und zu eurem Gott!" Und sie geht und verkündet, was sie gesehen hat und was ihr aufgetragen worden ist. Aufgrund ihrer den Tod überdauernden Beziehung steht sie jetzt mit ihrer ganzen Person als Zeugin für die Auferstehung Jesu ein.

b) Worin besteht die Kraft von Ostern?

Das JA Gottes zum Menschen dringt bis in die dunkelsten Winkel des Lebens, bis in den Tod. Dem Tod – so schmerzhaft und oft genug schrecklich seine Wirklichkeit auch bleibt – ist die Macht genommen, die Beziehung zu Gott zu besiegen. Ostern ist ein Fest des Aufbruchs im Angesicht des Todes. Es ist das Fest, das uns immer wieder erinnert und uns vergegenwärtigen will: Ich kann etwas gegen die Hoffnungslosigkeit und die Angst setzen, gegen die Kraftlosigkeit und den Missmut, gegen Streit und Misstrauen, gegen Zerstörung und gegen Gewalt, gegen die Ausgrenzung und Abwertung von Menschen, die keine weiße Hautfarbe haben, gegen die heimtückischen Krankheiten, die uns überfallen. Denn Gott selbst hat Jesus dagegen gesetzt. Die Auferstehung Jesu – Ostern – ist der Grund für Hoffnung und Veränderung.

Wie Ostern Menschen verändern kann, hat Marie-Luise Kaschnitz treffend formuliert:

Manchmal stehen wir auf
Stehen wir zur Auferstehung auf
Mitten im Tage
Mit unserem lebendigen Haar
Mit unserer atmenden Haut
Nur das Gewohnte ist um uns…

Manchmal stehen wir auf, mitten am Tag. Und ohne dass sich Sichtbares verändert, sind wir selbst anders geworden. Vielleicht sind wir friedvoller und gelassener geworden mit etwas mehr Hoffnung und Kraft. Vielleicht finden wir den Mut auszusprechen, was in der Partnerschaft oder der Familie schon lange schwelt. Vielleicht gelingt es uns zu fragen, was das eigene Kind denn so traurig macht, ohne gleich eine Antwort auf das Problem zu wissen … Oder vielleicht haben wir die Kraft, die eigene Einsamkeit ein wenig besser auszuhalten. Manchmal stehen wir auf – es ist noch keine neue Welt entstanden. Und doch ist etwas Neues geworden, ein neues versöhnliches Wort, eine neue hoffnungsvolle Geste, ein ermutigender Blick, eine neue Hoffnung, dass das Leben gut sein könnte und dass es ein Geschenk Gottes ist an uns Menschen.

c) Das Fest der Liebe gegen den Tod

An Ostern feiern wir das Fest des Lebens. Ein Fest der Liebe gegen den Tod. Ein Fest der Hoffnung gegen die

Verzweiflung und die Angst. Wir feiern das Leben. Manche werden vielleicht denken, dass es in ihrer Situation und Not wenig zu feiern gibt: Sorgen um den Arbeitsplatz, die eigene Gesundheit oder die Entwicklung der Kinder belasten. Aufgaben im Beruf und in der Familie, in der Pflege eines Angehörigen oder die Zerreißprobe zwischen Kindererziehung und Geldverdienen führen an den Rand der Kraft. Das mag sein. Und doch frage ich mich: Gibt es nicht auch in unserem gewöhnlichen Alltag oft kleine Zeichen der Hoffnung, die uns aus der Einsamkeit herausholen können?

Ich wenigstens kann aus der Zeit meiner Krankheit von solchen Erfahrungen berichten. Es gibt solche Zeichen der Hoffnung, z. B. ein unerwartetes Telefongespräch, ein Brief oder eine Karte, ein kurzer Besuch eines Bekannten, ein Geschenk oder ein Blumenstrauß. Diese kleinen Zeichen der Liebe erreichten mich meistens in Augenblicken, wo ich entmutigt und deprimiert war. Sie richteten mich wieder auf und schenkten mir neue Zuversicht.

Die ersten Christen waren noch sehr vorsichtig mit ihren Ausdrücken, was denn da zu Ostern wirklich passiert sei. Die Evangelien reden vom leeren Grab. Jesus Christus lebt, er ist nicht mehr im Grab, im Dunkeln, in der Tiefe. Der Stein ist weggerollt! Die Bibel spricht von Engeln, von der sichtbaren Seite Gottes, die die frohe Botschaft verkünden: „Sucht den Lebenden nicht bei den Toten!“ Gott ist das Leben und die Liebe, und das Leben und die Liebe sind stärker als der Tod.

Es sind die Frauen, denen die frohe Botschaft zuerst

gesagt wird. Sie, die Jesus im Leben begleitet und im Leid unter dem Kreuz ausgeharrt haben, erfahren als erste von der Auferstehung. Die Frauen um Jesus erhalten als erste den Auftrag, diese frohe Botschaft weiterzusagen: Er lebt!

Wie damals brauchen wir auch heute Menschen, die uns die Ostererfahrung durch irgendein sichtbares Zeichen der Liebe kundtun.

Treffend hat der Schriftsteller Wilhelm Willms auf solche Menschen hingewiesen, die er als die heutigen Engel am Grab bezeichnet:

Welcher Engel wird uns sagen
Dass das Leben weitergeht
Welcher Engel wird wohl kommen
Der den Stein vom Grabe hebt …

Welcher Engel wird uns zeigen
Wie das Leben zu bestehen
Welcher Engel schenkt uns Augen
Die im Keim die Frucht schon sehen …

Welcher Engel öffnet Ohren
Die Geheimnisse verstehen
Welcher Engel leiht uns Flügel
Unseren Himmel einzusehen

Wirst du für mich
Werd ich für dich
Der Engel sein?

Ja, so lautet die Frage an uns alle: Wirst du für mich, werd ich für dich – der Engel sein?

5. Hoffnung wider alle Hoffnung

Am 4. November 2004 starb nach kurzer schwerer Krankheit Beatrice von Moos-Zust, eine Bekannte von mir. Nachdem ihre eigenen Kinder erwachsen waren, hat sie sich während vielen Jahren als freiwillige Sterbebegleiterin im Kantonsspital Luzern eingesetzt. Dort konnte sie ihre menschlichen Qualitäten, ihr Einfühlungsvermögen, ihre Menschenkenntnis und ihren unkomplizierten Umgang in den Dienst leidender und sterbender Menschen stellen. Vor einiger Zeit machte sich bei ihr eine beschwerliche Krankheit bemerkbar, so dass sie innerhalb kurzer Zeit selbst auf fremde Hilfe angewiesen war. Keinem von uns fiel es leicht, mit anzusehen, wie ihre Kräfte von Tag zu Tag schwanden. Vor allem die letzten Tage wurden für ihren Gatten zu einer Belastung, die ihn an den Rand seiner Kräfte brachte.

Für uns ist es ein seltsames Gefühl, Beatrice nicht mehr bei uns zu wissen. Mit dem Tod eines lieben Menschen scheinen die gemeinsamen Beziehungen erstarrt, wie abgebrochen. Eine Verstorbene gibt keine Antwort mehr, äußert uns gegenüber nicht mehr ihre Gefühle. Diese Erfahrung erfüllt uns zu Recht mit Schmerz, sie macht uns sprachlos.

Da ist es gut, wenn im Johannesevangelium die folgende Begebenheit erzählt wird (Johannes 11,28–38):

Nach diesen Worten ging (Marta) weg, rief heimlich ihre Schwester Maria und sagte zu ihr: Der Meister ist da und lässt dich rufen. Als Maria das hörte, stand sie sofort auf und ging zu ihm. Denn Jesus war noch nicht in das Dorf gekommen; er war noch dort, wo ihn Marta getroffen hatte. Die Juden, die bei Maria im Haus waren und sie trösteten, sahen, dass sie plötzlich aufstand und hinausging. Da folgten sie ihr, weil sie meinten, sie gehe zum Grab, um dort zu weinen. Als Maria dorthin kam, wo Jesus war, und ihn sah, fiel sie ihm zu Füßen und sagte zu ihm: Herr, wärst du hier gewesen, dann wäre mein Bruder nicht gestorben. Als Jesus sah, wie sie weinte und wie auch die Juden weinten, die mit ihr gekommen waren, war er im Innersten erregt und erschüttert. Er sagte: Wo habt ihr ihn bestattet? Sie antworteten ihm: Herr, komm und sieh! Da weinte Jesus. Die Juden sagten: Seht, wie lieb er ihn hatte! Einige aber sagten: Wenn er dem Blinden die Augen geöffnet hat, hätte er dann nicht auch verhindern können, dass dieser hier starb? Da wurde Jesus wiederum innerlich erregt, und er ging zum Grab. Es war eine Höhle, die mit einem Stein verschlossen war.

Ähnliche Fragen, die die damaligen Menschen angesichts des toten Lazarus beschäftigt haben, stecken auch tief in uns: Wenn Jesus den Lazarus auferweckt hat, hätte er dann nicht auch verhindern können, dass Beatrice starb? Zweifel, schlaflose Nächte, Traurigkeit machen sich in uns breit. Wir vermissen Beatrice dort, wo sie uns nahe gestanden war, im wohnlich eingerichteten und gepflegten Haus am Vierwaldstädtersee, in der stilvoll eingerichteten Ferienwohnung im Walliser Sommer- und Winterparadies von Nendaz, bei den Wanderungen und Feiern, die sie auskosten konnte, beim geselligen Zusammensein mit Freunden, beim Besuch von Ausstellungen und Konzerten, auf Kunstreisen, als einfühlsame Sterbebegleiterin im Spital, als Gründerin und umsichtige Leiterin einer IDEM-Gruppe (im Dienste eines Mitmenschen) im Kantonsspital Luzern.

So wird sich ein schmerzhafter Prozess in uns vollziehen, weil wir diesem Tod, den durch ihn verursachten Gefühlen und Fragen nicht ausweichen wollen.

Das Johannesevangelium ermutigt uns, wie Jesus zu diesen Gefühlen zu stehen. Jesus lehnt sich auf gegen den Tod, weil er wie Gott ein Liebhaber des Lebens ist. Es sind nicht hoffnungsvolle Gefühle, die Jesus an das Grab führen, sondern Ergriffenheit und Trauer. Daraus erwächst ihm eine Leben spendende Kraft. Der Stein muss weg, die Erstarrung gehört nicht ans Grab. Wir dürfen auch als Christen traurig sein. In einer Welt, die alles Schmerzliche verdrängt und den Tod tabuisiert, gehört es zur vordringlichen Aufgabe jener Menschen, die Jesus nachfolgen, zu allen Seiten des Lebens zu stehen, auch zu den traurigen. Denn da, wo Menschen miteinander trauern, miteinander stumm vor Schmerz am Grabe stehen, einander liebevoll tröstend begegnen, da entsteht neues Leben, da erhält die Hoffnung ein Gesicht, eine Hand, ein Wort. Darum stehen wir jetzt am Grab im Vertrauen auf das Wort Jesu: Wo Menschen in seinem Namen zusammen kommen, einander trösten, sich für andere engagieren, da ist Gott mitten unter ihnen. So werden die Worte aus dem Jesajabuch wahr (49,14–16):

Doch Zion sagt: Der Herr hat mich verlassen,
Gott hat mich vergessen.
Kann denn eine Frau ihr Kindlein vergessen,
eine Mutter ihren leiblichen Sohn?
Und selbst wenn sie ihn vergessen würde:
ich vergesse dich nicht.
Sieh her: Ich habe dich eingezeichnet in meine Hände,
deine Mauern habe ich immer vor Augen.

Hier ist die Rede von einem mütterlichen Gott. Beatrice hat uns als Frau und treu sorgende Mutter von diesem sorgenden und nahen Gott ein vorbildliches Zeugnis gegeben. In dieser Stunde der Trauer und des Abschieds eilen wir zu diesem Gott und finden ihn nicht nur als den Vater, der uns ermutigt, den Schmerz zu tragen; wir finden ihn auch als unsere Mutter, die mit uns leidet, die uns niemals alleine lässt.

Im Angesicht des Todes von Beatrice wollen wir auch noch eine andere Seite ansprechen: die Gelassenheit und das Vertrauen, die sie gewann, seit sie um ihre schwere Krankheit wusste.

Nur wer selbst mit einer ähnlichen ärztlichen Diagnose konfrontiert wird, kann erahnen, wie eine solche

Botschaft den Menschen treffen kann. Es kommen Stunden der Angst, der Ungewissheit, Stunden der Mutlosigkeit, des bitteren Leids und des Verzagens. Spätestens wenn die Kräfte weichen, kommt das Gefühl, dass es ein Zuviel des Leidens gibt und dass wir froh sind, in den Psalmen Worte zu finden, in denen wir das „Warum" und das „Wie lange" hinausschreien können zu einem Gott, der manchmal für unser Empfinden zu lange zuwartet oder sogar keine Antwort gibt.

Das Klagen, die Tränen und die Frage nach dem „Warum" haben auch im Leben von Beatrice nicht Halt gemacht. Alle, die sie liebevoll pflegten und ihr beistanden, erlebten auch solche schweren und unruhigen Augenblicke.

Der von Leid und Krankheit betroffene Mensch darf seine Klagen vor Gott ausschütten, wie wir dies im Psalm 142,2–8 lesen:

Mit lauter Stimme schrei' ich zum Herrn,
laut flehe ich zum Herrn um Gnade.
Ich schütte vor ihm meine Klagen aus,
eröffne ihm meine Not.
Wenn auch mein Geist in mir verzagt,
du kennst meinen Pfad.
Auf dem Weg, den ich gehe, legten sie mir Schlingen.
Ich blicke nach rechts und schaue aus,
doch niemand ist da, der mich beachtet.
Mir ist jede Zuflucht genommen,
niemand fragt nach meinem Leben.

Herr, ich schreie zu dir, ich sage:
Meine Zuflucht bist du,
mein Anteil im Land der Lebenden.
Vernimm doch mein Flehen;
denn ich bin arm und elend.
Meinen Verfolgern entreiß mich;
sie sind viel stärker als ich.
Führe mich heraus aus dem Kerker,
damit ich deinen Namen preise.
Die Gerechten scharen sich um mich,
weil du mir Gutes tust.

Aber diese Bitte wurde bei Beatrice nicht erfüllt. Jedes christliche Gebet im Leiden, jede Bitte um Linderung in der Not muss deshalb auch diesen letzten Schritt tun: „Vater, nicht mein, sondern dein Wille geschehe!" Es ist dies die Bitte um die Gnade, ja sagen zu können zu dem, was Gottes unbegreifliche Liebe uns zumutet. Dies hat auch Jesus in Gethsemane erfahren. Obwohl Jesu Bitte um Verschonung vor dem Leiden nicht erfüllt wurde, kehrte Jesus getröstet von seinem Gebet zu den schlafenden Jüngern zurück.

Ähnliches ist auch im Laufe der Krankheit Beatrice geschehen. Obwohl das äußere Wunder der Heilung ausgeblieben ist, hat sich ein inneres Wunder ereignet. Sie konnte Ja sagen zu ihrer Krankheit und gewann so jene „Gelassenheit", die alles, zuletzt auch das Liebste, ohne Groll verabschieden konnte.

So sind wir am Krankenbett in den letzten Monaten einer dankbaren und liebenswürdigen Frau begegnet.

Dieses innere Wunder war so überwältigend, dass Beatrice kurz vor ihrem Tode immer wieder vom „Koffer packen" redete, Worte, die zunächst unverständlich blieben, aber schlussendlich durch ihre letzten Worte klar wurden: „Ich gehe jetzt heim" – zu Gott. So wurde ihr Glaube durch das Leiden reiner und reifer. Der Glaube hatte ihr die Kraft gegeben, am Leiden nicht zu zerbrechen.

6. Was mir wichtig wurde

Ich bin der Frage nach dem „Warum" nachgegangen. Gerade weil ich selbst von einem schweren Krebsleiden betroffen war, stellte sich mir diese Frage ganz konkret. In der Zeit meiner Krankheit waren mir einige biblische Texte sehr wichtig geworden – sie gaben mir wegweisende Impulse. Aber auf die Frage nach dem Sinn des Leidens fand ich auch in der Heiligen Schrift keine wirklich befriedigende Antwort. Wohl gibt es Leiden, die wir Menschen beenden können und die wir im Namen Gottes und im Namen der leidenden Menschen bekämpfen müssen. Und es gibt nicht wenige Leiden, die von Menschen bewirkt sind und deshalb von Menschen beendet werden können. Aber es gibt auch Leiden, denen gegenüber wir völlig machtlos sind. Patentlösungen für solche Leiden hält auch die Bibel nicht parat. Auch in der Bibel begegnen wir leidenden Menschen, die Ausschau halten nach einem Morgen, der ihnen nicht weiter Nacht, sondern wenigstens einen Schimmer Licht bringt. Leidende

Menschen, die an ihrem Leiden nicht zugrunde gehen dürfen, sondern die auch im Leiden und trotz ihres Leidens ja sagen sollen zu ihrem Leben, zu ihrem Menschsein, zu ihrem Gott. Leiden ist kein theoretisches Problem, das es zu verstehen gilt – Leid kann im tiefsten nie verstanden werden. Es hilft letztlich auch nichts, Leiden zu erklären. Leiden ist eine Situation, die allein durch menschliche, christliche und glaubende Praxis zu bestehen ist. Und dazu kann und will uns die Bibel wichtige Impulse geben. Sie kann uns helfen, als Antwort auf eigenes oder auf fremdes Leid die richtige, christliche Praxis zu finden. Die Bibel will uns helfen, unsere Leiden nicht nur zu tragen, sondern auch anzunehmen und anderen ihr Leid annehmbar oder zumindest annehmbarer zu machen.

Es gibt Formen des Leidens, die zum Verstummen zwingen. Menschen, die infolge einer schweren Krankheit oder eines Unglücks in Verzweiflung und in Hoffnungslosigkeit geraten sind, können wir nicht mit frommen Worten trösten. In solchen Augenblicken gilt es, menschliche und christliche Solidarität zu praktizieren. Es sind allein Worte und Taten der Liebe zu diesen leidenden Menschen gefordert. Jeder Versuch des Redens über den Sinn des Leidens muss sich dieser Grenze bewusst bleiben.

Zum Schluss bin ich für das Zeugnis von Menschen dankbar, die an ihrem Leiden litten und dennoch nicht daran zerbrachen. Sie sind es, die auch mir während meiner Krankheit Halt, Lebenskraft und Hoffnung gegeben haben.

Literaturhinweise

Joseph Kardinal Bernardin, Das Geschenk inneren Friedens. Reflexionen aus der Zeit des Loslassens, 3. Auflage, München 2000

Johannes B. Brantschen, Warum lässt der gute Gott uns leiden? 2. Auflage, Freiburg 1992

B. Bühlmann/T. Bühlmann/G. Anderhub, Du hast mein Klagen in Tanzen verwandelt. Spuren aus dem Leben des „Chefpatienten" Albert Brändle, Luzern 2005

Walter Bühlmann, Warum gerade ich? 2. Auflage, Luzern 2003

Eva-Maria Faber (Hrsg.), Warum? Der Glaube vor dem Leiden, Fribourg 2003

Gisbert Greshake, Der Preis der Liebe. Besinnung über das Leid, 2. Auflage, Freiburg-Basel-Wien 1978

Klaus Kühlwein, Schöpfung ohne Sinn? Gott und das Leid, Düsseldorf 2003

Hermann Josef Venetz, Warum bist du so fern?, Freiburg 1983